이토록 삶이 채워지는 순간들

이토록 삶이 채워지는 순간들

초판 1쇄 2023년 11월 15일

지은이 장은주 | **펴낸이** 송영화 | **펴낸곳** 굿웰스북스 | **총괄** 임종익

등록 제 2020-000123호 | **주소** 서울시 마포구 양화로 133 서교타워 711호

전화 02) 322-7803 | **팩스** 02) 6007-1845 | **이메일** gwbooks@hanmail.net

© 장은주, 굿웰스북스 2023, *Printed in Korea*.

ISBN 979-11-7099-017-8 03190 | 값 **18,500원**

천천히 걷고 부지런히 쓰며
일상을 사랑하라

장은주 지음

이토록 삶이 채워지는 순간들

굿웰스북스

'집과 직장을 오가다 인생이 끝날 것 같아 두려웠기 때문이다.'

두려움은 사람을 힘들게 한다. 두려움으로 어떤 이들은 아무것도 시도하지 못한 채 인생을 후회로 마무리한다. 지금 이 순간에도 두려움 때문에 스스로 만든 불행의 방에서 나오지 않는 이들이 허다하다. 이 책의 저자는 두려움으로 삶의 쳇바퀴를 탈출했다. 두려움으로 새로운 공간에 도전했다. 두려움으로 새로운 자신을 찾아 나섰다. '집과 직장을 오가다 인생이 끝날 것 같은 두려움'을 마음에 품은 채 불안에 떨고 있는 대신 운동화를 신었다. 가까운 곳부터 걸었다. 조금씩 멀리 있는 곳으로 향했다. 발길은 해외로 옮겨졌다. 걸었던 기억을 기록하기 시작했다. 기록이 쌓일수록 더불어 자신감도 생겼다. 기록의 대상이 확장되었다. 여행에서 책으로, 책에서 영화로, 영화에서 일상으로. 그렇게 확장된 기록은 삶에 용기가 되었다. 용기는 아름다운 사람들을 만나게 해주었고 새로운 시야를 열어주었다. 새로운 시야로 보게 된 삶의 소중한 깨달음들은 혼자만 알고 있기에는 너무나 귀한 지혜들이었다. 그 지혜들이 이 책에 실려 있다.

　이 책은 인생의 무게에 눌려 삶이 얼마나 재미있고 의미 있는지도 모른 채 하루가 흘러가는 모습을 아쉬움으로 바라보고 있는 보통 사람들에게 '이대로 해보면 나도 재미있게 살 수 있겠는데' 하는 희망을 준다. 갈수록 힘겨워지는 세상에서 보통 사람이 보통 사람에게 희망의 단서를 풀어주는 책이 출간되어 너무나 기쁘고 감사하다. 이 책을 읽고 자신이 만든 '불행의 방'에서 탈출하는 사람들이 많아질 것이라는 예감이 들어 기분 좋게 글을 마무리 한다.

　ㅡ『내 상처의 크기가 내 사명의 크기다』 저자 송수용

육아와 집안일에 늘 지쳐 있었다. 늦잠으로 하루를 시작하고 저녁이 되면 분주해졌다. 그 많던 시간은 다 어디로 갔나. 아쉬운 마음에 늦은 밤 무언가를 하려고 애썼다. 자신감은 점점 없어지고 매일 정신없는 하루를 보냈다. 그런 생활에 체력은 언제나 바닥이었다. 무얼 해야 허전한 마음이 채워질까. 좋아하는 것도 모르겠고 특별한 재능도 없는 듯해 괴로웠다.

나를 돌볼 시간조차 없이 살고 있구나. 여행을 다니며 나름 여유가 있었다. 그런 시간들은 어디로 가고 도대체 무엇을 위해 이토록 바쁜 건지. 건강이 중요하다는 건 누구나 안다. 그걸 알면서도 오늘의 즐거움을 위해 내일로 미루고 산다. 빠듯한 일과 속에서 시간을 내기가 힘들다는 핑계를 대면서 말이다. '내가 하고 싶은 걸 오래 즐겁게 하려면 건강을 먼저 챙겨야겠구나.' 그런 생각에 운동화를 신고 나가 걸었다. 그 걷기 운동이 단조로운 생활에 활기를 더해주었다.

집 주변을 걷다가 조금씩 달리면서 마라톤에 도전하게 되었다. 혼자 마라톤 대회에 나가 여러번 10km를 완주했다. 근처 산을 자주 오르다 보니 영남 알프스 9봉도 3번 올랐다. 왜 그동안 이런 재미를 모르고 살았을까. 자연을 마주하며 마음의 평안을 느꼈다. 더불어 체력도 점점 좋아졌다. 체력이 좋아지니 하고 싶은 것도 많아졌다. 다양한 곳을 걸으며 블로그와 노트에 그 순간들을 기록해나갔다. 차곡차곡 기록들이 쌓이면서 성취감과 뿌듯함을 자주 느꼈다. 그렇게 써나간 흔적들은 계속 할 수 있도록 동기부여가 되었다.

틈을 내어 걸으면 일상도 여행이 된다. 더불어 여행지에서도 목적지 주변을 걷게 된다. 장소는 문제가 되지 않는다. 어디라도 천천히 걷고 기록하면 특별한 여행으로 남는다. 나만의 여행 기록은 그 자체로 가치가 있다. 그래서 운동, 여행, 일상의 모든 것을 기록으로 남겨야 한다.

"독서, 공부, 긍정 마인드, 메모 습관, 매일 일기 쓰기, 하루 5개씩 감사일기 쓰기, 블로그에 독서평 쓰기, 독서모임 참여, 독서노트 쓰기, 방통대입학, 등산과 마라톤에 도전, 영화 보면서 영감 얻고 노트 쓰기, 혼자 영어 공부하기, 운동 일기 쓰기, 여행하며 글 쓰는 생활. 일상 기록자"

기록이 생활이 되면서 이토록 삶이 풍요로워졌다. 처음에는 하고 싶은 게 별로 없었다. 그러나 이제 다양해진 취미 덕분에 생활 패턴이 바뀌었다. 어떻게 하면 시간을 잘 활용해서 알차게 해나갈 수 있을까 고민하게 된다. 도전하다 보니 성취의 즐거움도 알게 되었다. 이제까지 쌓인 수많은 노트와 꾸준히 써온 블로그의 기록들이 그 즐거움을 말해준다. 기록을 통해 관리하다 보니 이전에 없던 자신감도 생겼다. 게다가 중요한 일정을 놓치거나 깜빡하는 일이 줄어들었다. 살다보면 신경 쓸 일이 끊이질 않는다. 분주한 일상에서 기록 덕분에 그마나 정신을 챙기며 살고 있다.

어떤 것으로 내 마음을 채울 수 있을까. 누군가에게 의존하는 건 한계가 있다. 일상에서의 만족은 스스로 찾아야 한다. 걸으면 걸음수가 그만큼 채워지고 건강해진다. 부단히 기록하다 보면 노트가 채워진다. 노트의 앞부분만 쓰다 끝난 경험이 있는가. 앞에서 끝내면 온전한 기록의 기쁨을 알 수가 없다. 노트의 마지막을 덮을 때의 뿌듯함과 만족감은 끝까지 써봐야 안다. 세상에는 끝까지 가봐야 알 수 있는 것들이 의외로 많다. 기록도 마찬가지다. 그것이 얼마나 가치 있는 일인지 해보지 않으면 알 수가 없다. 그런 의미에서 걸음수와 노트는 정직하다. 부단히 노력한 만큼 돌아오기 때문이다.

걷고 쓰는 삶은 늘 풍요롭다. 걸으면서 생각이 더해지고 쓰면서 이전에 몰랐던 나를 만나게 된다. 더불어 마음까지 채워진다. 그런 경험은 시간을 더욱 알차게 쓰도록 이끌어준다. 그래서 기록하는 사람의 일상에는 버려지는 시간이 없다. 그들의 삶은 질적으로 다르다. 그러니 소중한 하루를 어떻게든 기록으로 남겨야 한다. 기록이 일상을 바꾸는 힘이 됨을 믿는다.

일상을 걷고 부지런히 기록하면서 삶이 풍요롭게 채워지는 경험을 해보길 바란다.

1장 조용히 일상을 깨우며

4장 기록의 중요성을 깨달아

5장 다양한 방법들을 찾다보니

6장 삶이 이토록 풍요롭게 채워졌다

1장

조용히
일상을
깨우며

돈은 없지만 떠나는 즐거움으로

진정한 여행은 새로운 풍경을 보는 것이 아니라
새로운 눈을 가지는 데 있다.

― 마르셀 푸르스트

매일은 비슷하고 설레는 일들이 별로 없다. 무슨 생각을 할 때 주로 설레는가. 그 순간을 떠올려보자. 선뜻 생각나는 단어가 많지는 않을 것 같다. 분주한 일상 속에 여행이라는 단어만 떠올려도 기분이 좋아진다. 여행만큼 설레는 단어가 있을까 싶다. 누구나 마음은 늘 떠나고 싶은데 현실은 그렇지 않고 최근 제대로 된 여행을 못하는 상황이라 더욱 그렇다. 여행을 가면 뭐가 그토록 좋은지. 여행지에서는 별것 아닌 것들도 특별한 즐거움으로 다가올 때가 많다. 먹는 것부터 자는 일까지 모두가 일상과는 다르기 때문이다. 다른 곳에서 느끼는 색다른 즐거움이 팍팍한 현실을 잠깐이나

마 잊게 해준다. 그래서 자주 떠나고 싶어진다.

언제부턴가 여행의 즐거움이 삶의 일부가 되었다. 그 시간을 돌이켜보니 대학 시절이 떠오른다. 학교를 졸업하고 바로 사회생활을 시작했다. 직장이라는 곳은 일을 하는 환경만 바뀌었을 뿐 대학 생활을 그대로 이어가는 듯했다. 아침에 눈을 뜨면 출근했다가 어두워지면 자취방으로 돌아왔다. 책이 가득한 도서관에서 일하니 다들 편하겠다며 부러워했다. 하지만 일터라는 작은 공간에서 피로감을 자주 느꼈다. 맞지 않는 옷을 입은 듯 늘 불편하고 답답했다. 그 마음을 덜기 위해 주말이면 훌쩍 어디론가 떠났다. 혼자 배낭 메고 여기저기 돌아다니고 출근하면 그 힘으로 한주를 견뎠다.

처음에는 가까운 곳을 주로 다녔다. 버스를 타고 가면 반나절이나 하루만에 돌아올 수 있는 곳으로. 나중에는 인근 섬으로 숙박을 정해서 다녔다. 여건이 되지 않으면 평소 가보고 싶었던 명소를 중심으로 가볍게 산책이라도 나섰다. 책을 좋아했지만 책이 가득한 작업 공간보다 밖이 더 좋았다. 틀에 갇힌 곳을 벗어나 넓은 공간에 서면 숨을 쉬는 것 같았다. 혼자 누리는 시간이 좋아 배낭을 꾸리고 정리하는 일을 반복했다.

그 방랑은 시간이 흐르면서 차츰 해외로 바뀌었다. 지금은 해외여행이 자유롭지만 그때는 그렇지 않았다. 당시 주변에는 여권을 가진 사람도 별로 없었다. 친구들 사이에서 용감하고 특이한 이미지로 굳어져 갔다. 무엇보다 바깥세상이 너무 궁금해졌다. 늘 보는 공간은 너무 좁게 다가왔다.

첫 해외 여행지는 가까운 일본이었다. 친구와 함께 무작정 일본으로 배낭여행을 떠났다. 길을 안내해주는 편한 스마트폰도 없었다. 오로지 지도 한 장을 들고 길을 누볐다. 야간열차를 타고 역에 있는 화장실에서 세수를 하면서도 행복했다. 그땐 오직 젊음이 무기였다. 남의 시선이 두렵지 않았고 어떤 차림을 하고 다녀도 즐거웠다. 겁 없이 무엇이든 해낼 수 있을 것 같았고 대충 끼니를 때워도 좋았다. 용기 하나로 어딜 가든 버틸 수 있었다.

그때 처음으로 깨달았다. 나는 계속 밖으로 움직이고 낯선 것들을 마주할 때 편하다는 것을. 익숙함보다는 불편한 것에서 흥미를 더 느끼는 사람이었다. 그렇게 어디론가 떠나고 새로운 것을 경험하고 배우는 게 좋았다. 사람은 나이가 들어도 자기가 무얼 좋아하는지 잘 모른다. 자꾸 움직이고 부딪혀 보면 알게 된다. 그렇게 우연히 떠난 배낭여행이 계속 다른 곳을 누비는 계기가 되었다.

여행을 지속하려면 비용이 만만치 않다. 어떻게 그걸 감당할 수 있을까. 타지에서 생활해보면 매달 생활비가 많이 들어간다. 잔고는 언제나 빠듯했다. 규모 있는 생활을 하려면 부지런한 돈 관리는 필수다. 내가 가진 돈이 얼마인지 기록하면서 수시로 확인해야 했다. 그렇지 않으면 생활이 금방 무너지기 때문이다. 통장을 확인할 때마다 '더 알뜰하게 살아야지.' 반성하고 다짐했다.

그런 빠듯한 상황에서도 늘 계획을 세우고 시간을 내서 떠났다. 목적이 분명하니 여행 갈 때는 과감해졌다. 그 순간을 위해 평소에 더욱 절약하고 아끼는 생활을 하게 된다. 사람들이 하는 말은 늘 비슷했다. "나도 여행가고 싶은데 시간도 돈도 없어서 갈 수가 없어." 그런 말을 들을 때마다 '나는 시간과 돈을 만들어서 가야겠구나. 평소에 조금 아껴서 내 경험에 최대한 몰입하자.'는 간절함이 생겼다. 무언가를 하고 싶은데 가진 것이 없어서 망설여지는가. 지금 당장 손에 쥐고 있는 돈의 크기가 전부는 아니다. 모든 것이 다 갖춘 상황도 좋지만 때론 절실한 마음이 우선이다. 부족해도 마음이 기울면 결국에는 채워지게 되어 있다.

무엇보다 '여행을 통한 배움'이라는 목표가 뚜렷했다. 세상에는 책상에 가만 앉아서 얻을 수 없는 것들이 많다. 책에서 얻는 것 이상으로 여행이 주는 깨달음이 크다. 내 눈으로 보고 발로 직접 느끼는 것들이 더 귀하다. 또한 젊을 때 어떻게든 경험의 영역을 넓히고 싶었다. 그래서 경험에 투자하는 일을 최우선 과제로 정했다.

"20년 후, 당신은 했던 일보다 하지 않았던 일로 인해 더 실망할 것이다.

그러므로 닻줄을 던져라. 안전한 항구를 떠나 항해하라. 당신의 돛에 무역풍을 가득 담아라. 탐험하라. 꿈꾸라. 발견하라." 마크 트웨인의 이 말은 지금 당장 무엇을 해야 할지 정하는 데 힘이 되었다.

사람들은 나이가 들었을 때 한 것보다 하지 못한 걸 후회한다고 한다. 나이가 들어 시간적 경제적 여유가 있어도 마음만큼 쉽게 할 수 없는 것들이 의외로 많다. 후회하지 않기 위해 무엇이 중요할까. 생각할수록 여행이 남을 것 같았다.

한 번의 여행은 순환이 되어 또 다른 여행으로 이어졌다. 그렇게 해마다 여권에 찍은 도장이 늘어났다. 가까운 곳에서 시작된 여행은 점차 동남아를 거쳐 유럽까지 이어졌다. 떠나기 전에는 항상 사전 정보들을 꼼꼼하게 챙겼다. 루트와 일정이 담긴 두 장 정도의 계획서도 만들었다. 그 계획서를 들고 다양한 곳을 누볐다. 그렇게 다니면 한동안 힘든 상황들을 잊을 수 있을 것 같았다.

그러나 여행에서 돌아오면 언제나 그곳이 다시 그리워졌다. 그 느낌을 간직하려고 매번 여행기를 썼다. 그때 써두지 않으면 왠지 나중에 이 소중한 순간들이 흐려질 것만 같았기에. 한 달이 넘어가는 여행에서는 그 날들보다 많은 여행기가 쌓였다. 논문만큼 두꺼운 양의 여행기를 보면서 추억을 되새기는 일이 무미건조한 일상에 활기를 더해주었다.

주변을 바라보는 눈도 의식도 점차 바뀌어갔다. 내 힘으로 돈을 모으고 원하는 목적을 달성하는 그 과정에서 많은 걸 배웠다. 다양한 사람들과 새로운 세상을 만나면서 시야가 넓어졌다. 하나씩 이루어나가는 시간들이 힘들기도 했지만 그만큼 즐거웠다. 그런 성취감이 자꾸 무언가를 도전하게 만들었다. 그 사이 여러 면에서 조금씩 강해지는 걸 느꼈다. 여행을 다녀올 때마다 이전보다 더 나아진 모습을 발견하곤 했다. 나도 모르게 조금씩 성장하고 있었다.

파울로 코엘료가 말했다. "여행은 언제나 돈의 문제가 아니라 용기의 문제다."라고. 용기를 조금만 내면 예상치 못한 즐거움도 얻게 된다. 그러니 간절히 하고 싶은 일이 생기면 어떻게든 시도해봐야 한다. 일을 하다보면 마음은 떠나고 싶어도 상황이 안 될 때가 많다. 마음이 끌릴 때 바로 해야 된다. 시간이 지나면 그 마음이 온전히 남아 있지 않을 것이다. 적절한 때를 기다리다 보면 기회는 더 이상 오지 않을지도 모른다. 그 사이 간절함의 온도는 금방 식어버리게 된다.

그렇게 여행이 간절해진 이유가 있다. 집과 직장을 오가다 인생이 끝날 것 같아 두려웠기 때문이다. 작은 공간 안에 나를 가두고 젊음을 다 보내기엔 아까웠다. 묵묵히 일만 하며 살기는 더욱 싫었다. 세상에 흥미로운 것들이 넘쳐나는데 좁은 곳에서 바둥거리며 안주하는 게 더 힘겨웠다. 더 이상 그렇게 살고 싶지는 않았다. 그래서 '돈은 없지만 떠나는 삶'을 택했다.

운동화가 무기력한 일상을 바꾸다

*

만약 당신이 방향을 바꾸지 않는다면,
당신은 결국 지금 향하고 있는 곳으로 갈 것이다.

– 노자

느긋하게 여행하는 삶이 오래 지속될 줄 알았다. '마음만 먹으면 할 수 있는데도 못하는 건 의지 탓이 아닐까.' 그런 생각을 하며 육아를 해도 편하게 다닐 수 있는 날들을 꿈꿨다. 하지만 상황은 그렇게 마음대로 되지 않았다. 이전에 즐기던 자유는 잠시였다. 그런데 육아는 그에 비해 몇 배나 길었다. 도대체 언제 끝날지. 그저 매일이 막막하기만 했다.

모두가 바빠서 육아는 늘 혼자만의 몫이었다. 육아에 집안일까지 모두 감당하는 게 벅찼다. 씩씩했던 모습은 어딜 가고 무얼 해도 헉헉대며 불평이 쏟아졌다. 더구나 체력이 늘 바닥이라 밖에 나가는 것도 쉽지 않았다. 게다가 온전한 내 시간이 없으니 답답함은 더했다. 호기롭게 다녔으나 갈 곳이 참 없구나, 어느 순간 깨달았다.

매일 마주하는 환경 속에서 어떤 것을 보는가가 중요하다. 육아를 하다 보면 이전과는 다른 풍경을 늘 마주하고 산다. 특히 오후 4시에 밖에 나가 보면 또 다른 세상을 만난다. 주변이 온통 노란 차들 뿐이다. 어린이집 하원 차량과 학원가는 아이들을 태운 승합차들이 거리를 채운다. 사방에서 밀려오는 노란 차들 사이에서 내 존재를 확실하게 느끼게 된다. '아, 아이들을 픽업하고 일상을 이렇게 보내는 게 전부인가.' 그런 생각마저 들었다.

더 이상 이렇게 살면 안 되겠다 싶어 그만둔 직장이었다. 그런데 아이를 키우며 집에 있다 보니 그 직장마저도 그리웠다. '맞지 않는 옷이라도 걸치고 있을 걸 그랬나.' 하는 생각이 스멀스멀 올라오기도 했다. 집에만 있으니 시간이 어떻게 가는지도 감이 안 온다. 일주일은 아이들이 어린이집을 가는 평일과 가지 않는 주말로만 구분될 정도였다. 하루에 집안일과 아이를 돌보는 일 말고는 할 게 없었다. 아무리 생각해도 답이 안 나왔다.

'도대체 나는 뭘 할 수 있을까, 할 수 있는 게 있기나 할까. 이렇게 많은 일들이 있는데 왜 나는 갈 곳이 없는지. 정말 이대로 살아도 괜찮을까.' 물음이 계속되었다.

그렇게 나에 대해 생각하는 시간이 많아졌다. '나는 지금 집에서 뭐하는 걸까.' 물론 아이를 키우고 있지만 그 속에는 '나'라는 사람이 없었다. 누구의 엄마는 있어도 어디서도 당당한 내가 없었다. 존재감이 사라진 게 슬펐다. 아이들이 커가는 모습을 보면서 육아의 보람도 느꼈다. 하지만 어느 순간에 아이들은 훌쩍 커서 자신의 길을 갈 것이다. 그때 나를 찾기엔 너무 늦지 않을까. 마음이 답답해졌다. 무엇부터 시작해야 할지 몰랐다.

조금이라도 방법을 찾아보기로 했다. 당장에 나가서 일을 할 수는 없어도 찾다 보면 길이 보이겠지. 노트를 펼치고 좋아하는 것과 하고 싶은 것들을 적어봤다. 나름 진지하게 고민하며 써내려갔다. 노트를 가득 채웠지만 그래도 여전히 생각 속에 갇힌 것 같았다. 쓴다고 당장에 달라질 건 없었다.

역시나 방법은 멀구나. 아무리 살펴봐도 답이 안 나왔다. 생각한 것들을 행동으로 움직일 수 있는 시간과 거리는 지극히 제한되어 있었다. 여기저기서 막히니 의욕이 생기지 않았다. 이럴 때 "당신은 이런 데 소질이 있는 것 같으니 이쪽 분야가 좋겠네요."라고 누가 명쾌하게 알려주었으면 싶었다. 그 존재만으로도 한걸음 움직일 용기라도 생길 텐데. 주변에는 그럴만한 사람이 하나도 없었다.

"차 한 잔 하러 오세요. 육아 정보 공유해요. 언제든 환영해요." 하는 사람들은 있었다. 수다 떨고 시시콜콜 남편과 자식 이야기하는 걸 좋아하는 사람들은 많았다. 한두 번은 재미삼아 그들 틈에 있어 봤다. 그러나 패턴은 늘 똑같았다. 대화는 흘러갈 뿐이고 결론은 없었다. 집에 돌아오면 더 허전해졌다. 사람들이 줄 수 있는 도움은 한계가 있다. 어떻게든 스스로 방법을 찾는 것밖에 없었다.

가끔 육아일기를 쓰며 나를 돌아봤다. 노트에 쓰다 보니 내가 조금씩 보였다. 너무 오랫동안 다른 모습으로 살다보니 어떤 사람인지 잊고 있었던 것이다. 그 생활이 전부인줄 알고 하루를 살아내기에 급급해 있었다. '생각하는 대로 살지 않으면 사는 대로 산다.'는 말이 맞다. 생각하지 않으니 그저 살아지는 대로 나를 단정하고 그렇게 하루를 견뎠다. 더 이상 그런 생활을 이어가고 싶지는 않았다.

나를 위해 무얼 할 수 있을까 고민하다 나가서 걸었다. 다른 변화를 주려면 시간도 돈도 많이 든다. 하지만 걷는 건 할 수 있을 것 같았다. 우연히 공원 벤치에 앉아 지나가는 사람들의 모습을 봤다. 다들 무슨 이유로 저렇게 행복한 건지, 걷는 사람들마다 밝은 표정이었다. 웃을 일이 많아서 웃는 사람이 얼마나 될까. 웃다보니 행복해지는 것이다. '그래, 매일 운동화 끈을 매고 나가자.'

갈 곳을 찾다가 동네 주변을 어슬렁거렸다. 발길이 닿는 곳으로 가보고 탐험가의 눈으로 그저 여기저기 구경하며 걸었다. 그게 걷기의 시작이었다. 매일 정해진 시간만 되면 운동화를 신고 나갔다. 처음에는 낯설고 힘들었지만 반복했다. 할 수 있는 게 그것밖에 없었기에. 시간이 지날수록 운동화를 신는 일이 차츰 즐거워졌다. 이런 세상을 이제까지 모르고 살았구나. 밖은 집에만 있을 때는 몰랐던 것들을 하나씩 일깨워 주었다.

누구에게나 인생의 전환점이 있다. 살다보면 어떤 계기로 생활이 딱 바뀌는 그런 순간이 온다. 내 삶은 그렇게 걷기로 달라졌다. 천천히 걷기 시작한 이후로 생활이 완전히 바뀌었다. 틈나는 대로 계속 걸었더니 어느새 걷기가 일상이 되었다. 길 위에서 끊임없이 나를 돌아본다. 그 순간 떠오르는 생각에 집중한다. 홀로 걸으며 생각하는 그 시간이 좋다. 마음먹은 순간 한 번의 행동이 얼마나 대단한지. 직접 경험해보지 않으면 모른다. 생각만 하지 말고 직접 느껴보라. 운동화가 당신의 삶을 바꿀 수도 있다.

의미 있는 생일을 위해 어떻게 할까

살다 보면 중요한 기념일들이 많다. 기억하고 챙겨야 되는 날이 어찌나
많은지. 국경일은 달력에 표시가 되니 신경 쓰지 않아도 보인다. 하지만
집안의 중요한 경조사는 직접 챙기지 않으면 잊기 쉽다. 온전히 자신의 몫
이다. 그 많은 기념일 중에 생일날은 특별하다. 일 년에 딱 한번 그날에 챙
겨야 한다. 사실 나이가 들면 이 생일의 의미도 점점 약해진다. 다들 바쁘
고 멀리 떨어져 살기 때문에 챙기기 힘들다. 연락이라도 오면 좋고 아니어
도 어쩔 수 없다. 가족들과 밥 한끼 먹거나 친구와 술 한잔 기울이는 것도
시간이 될 때 말이다. 특별한 날에 모여서 시간을 함께 한다는 건 참 소중

한 일이다.

생일날에 맞춰서 함께 할 수 있는 날이 얼마나 될까. 모두가 자신의 일로 분주한 세상이니 말이다. 아이들이 자라면 더욱 그런 시간을 만들기가 어렵다. 특히 엄마의 생일은 잊어버리기 일쑤다. 신경 쓰는 이가 없으면 언제인지 기억도 안 난다. 그러니 나이가 들수록 자기 생일은 스스로 챙겨야 한다. 누군가에게 기대를 하면 아쉬움만 커질지도 모른다.

마흔이 넘어 달리기를 시작한 나는 마라톤에 나가 10km를 여러 번 완주했다. 그전에 달리기는 상상도 못했다. 마라톤에 나가 달리다니. 이건 정말 기적이다. 걷기 시작한 덕분이다. 체력과 상태를 알기에 욕심내지 않고 꾸준히 했다. 마쓰우라 야타로가 쓴 『삶이 버거운 당신에게 달리기를 권합니다』라는 책에서는 '10킬로미터를 달릴 수 있다는 건 어떤 상황에서도 견뎌낼 힘이 생긴다는 것'이라고 했다. 발끝에서 10km라는 거리가 자연스러워질 때까지 달리는 걸 목표로 했다. 주 2회씩 시간만 나면 집주변을 열심히 달렸다. 그리고 한 번씩 마라톤 대회에 나가 어떤 기록이 나오는지 확인하는 재미가 있었다.

그런데 어느 정도 달리기에 익숙해졌을 때 코로나로 더 이상 대회에 나갈 수가 없었다. 이제 당분간 달리기는 접어야 하나 싶었다. 고민하던 순간 비대면 인증이란 게 생겼다. 역시나 어떤 상황에서도 방법은 있구나. 달리고 싶은 장소와 시간을 정하고 앱을 통해 인증하는 거였다. 함께 달리는 재미는 덜했지만 그 나름의 편함도 있었다. 틈나는 대로 비대면 신청을 해서 혼자 달리고 인증하며 기록을 차곡차곡 쌓아갔다.

마침 생일이 다가왔다. 그때 문득 나만의 특별한 생일을 보내고 싶었다. 나 스스로를 위한 선물을 하면 좋을 것 같았다. 방법을 고민한 끝에 달리기로 했다. 생일날 달리기라니 생각만 해도 웃음이 나는 이벤트였다. 생일 전부터 어디를 달릴까 찾아봤다. 이것저것 준비하면서 기대되고 설렘이 생겼다. 탁 트인 강변에서 혼자 멋지게 달리는 상상만으로도 충분히 즐거웠다.

생일날 아침, 특별한 곳에서 새로운 공기를 느껴보고 싶었다. 평소 달리던 길을 벗어나 집에서 차로 30분 정도 떨어진 생태공원을 택했다. 집 앞 편의점에서 삼각김밥으로 가볍게 아침을 해결하고 이동하는 길은 무척 설레었다. 컨디션도 꼼꼼하게 체크했다. 탁 트인 공터에 차를 세우고 먼저 스트레칭을 했다.

앱을 켜고 조금 달렸는데 엉뚱한 길이 자꾸 나왔다. '이 길로 계속 달려야 하나.' 걸음을 멈추고 한참 동안 폰에 표시된 지도를 뚫어지게 쳐다보았다. 반대 방향으로 달리고 있는 게 아닌가. 너무 흥분해서 지도를 거꾸로 들고 있었던 거였다. 달리다 보니 갑자기 주변이 막혀 있었다. 길이 이어지는 줄 알았는데 난감했다.

지도만 봐서는 헤매기 딱 좋은 곳이었다. 이른 아침부터 길 찾느라 한바탕 소동을 벌이고 나서 다시 출발했다. 길을 돌아 나와 다시 달리기 시작했다. 헉헉거리며 달리는 동안 처음에는 숨이 차서 아무 생각도 안 났다. 좀 시간이 지나자 호흡도 페이스도 편해졌다. 그때 묵묵히 길 위를 달리는 내 모습이 보였다.

'나는 도대체 왜 이렇게 달리고 있을까.' 문득 그런 생각이 스쳤다. 생일상 앞에서 맛있는 음식을 즐기며 편하게 앉아 있어도 되는데 말이다. 달리는 내내 그 이유에 대해 생각해봤다. 생일 하면 자연스럽게 떠오르는 풍경이 있다. 매번 케익 앞에서 촛불 끄고 사진 찍는 생일! 그 순간은 좋지만 먹고 즐기고 끝나는 생일에서 조금 벗어나고 싶었다. 한 살을 더 먹는 나에게 그저 흔한 생일이 아니었으면 했다. 이전보다 조금은 특별한 날로 남기고 싶은 바람이었다.

그런 분명한 이유를 떠올리며 달리니 스스로에게 응원이 되었다.

그 한 번의 달리기 이후 나는 생일이 되면 달리기를 한다. 해마다 몸이 기억한다. 작년보다 달리기가 힘들구나, 올해는 어디가 좀 나아진 것 같구

나. 스스로를 돌아보게 된다. 나이가 더해지는데 이렇게 달릴 수 있다니. 살아 있다는 것만으로도 축복인데 얼마나 감사하고 다행인지 모른다. 내 두발로 달리며 보았던 그날의 풍경과 공기는 오랫동안 기억에 남는다. 그 장소를 떠올리면 달렸던 곳으로 먼저 기억된다.

영국에서는 달리는 사람을 흔히 볼 수 있다. 다이어트나 뱃살을 줄이기 위해서가 아니라 그저 머리를 비우기 위해서 달린다. 그런 사고가 정착되어 있기에 달리기는 그들 삶의 일부다. 정신적으로 견디기 힘든 일이 있을 때 조금만 달려보면 회복된다. 땀과 함께 긴장도 금방 풀리는 걸 느낄 수 있다. 나이가 들수록 힘든 일이 늘어날지라도 끊임없이 도전하는 자세가 중요하다. 달릴 때는 힘들지만 그로 인해 일어날 변화를 기대하라. 힘들어도 도전하면 오히려 힘이 생긴다.

일본의 소설가 무라카미 하루키는 자신의 저서 『달리기를 말할 때 내가 하고 싶은 이야기』에서 이런 말을 했다. "만약 바쁘다는 이유만으로 달리는 연습을 중지한다면 틀림없이 평생 동안 달릴 수 없게 되어버릴 것이다. 계속 달려야 하는 이유는 아주 조금밖에 없지만 달리는 것을 그만둘 이유라면 대형 트럭 가득히 있기 때문이다. 우리에게 가능한 것은 그 아주 적은 이유를 하나하나 소중하게 단련하는 일뿐이다. 시간이 날 때마다 부지런히 빈틈없이 단련하는 것."

그는 매일 10km를 달리며 자신을 단련한다. 글 쓰는 사람으로 살아가려면 체력과 지구력을 길러야 한다는 이유에서다. 평소 우리가 그렇게 달릴 수는 없다. 하지만 적어도 특별한 날에 한 번쯤은 달리기의 즐거움을 느껴보면 좋을 것 같다. 나를 위해 무슨 선물을 할까 굳이 고민하지 않아도 된다. 물건은 잠시 기쁨을 느끼고 금방 잊힌다. 하지만 가볍게라도 달려보면 그 하루는 온전한 선물로 남을 것이다. 매년 같은 모습으로 달리던 순간으로 인해 추억 통장이 두둑하게 쌓여간다. 생일 때마다 자신만의 특별한 루틴을 정해두면 어떨까 싶다. 나를 위한 소소한 이벤트. 건강하게 잘 살아온 나를 위해 매번 같은 행사를 하는 것이다.

꼭 달리기가 아니더라도 좋다. 특별한 곳에서 식사를 했다면 그곳 주변을 한번이라도 걸어보라. 그러면 그 장소가 생일날 거닐던 장소로 오랫동안 기억될 것이다. 조용한 곳을 걷기만 해도 소중한 추억으로 남는다. 가볍게 주변을 걷거나 평소에 하고 싶었던 일들을 해본다. 마음은 가득한데 하지 못했던 일들을 하며 시간을 보내보자. 그러면 평범한 날이 아닌 특별한 하루, 온전히 기억되는 생일이 될 것이다.

매년 맞이하는 생일! 나이가 들수록 무뎌지기 쉽다. 어떻게 하면 의미 있고 특별한 하루를 보낼까 생각하며 적어보자.

1. 가족 또는 친구, 누구와 함께 하느냐에 따라 분위기가 달라진다. 그 대상을 떠올려보자. 다가오는 생일에는 누구와 보낼 것인가? 혹은 혼자 보내고 싶은가?

....

....

2. 장소를 정하고 목적지 주변에 걷기 좋은 길이 있는지 탐색한다. 또는 집 근처 평소 가고 싶었던 길을 생각해본다. 상황이 안 되면 혼자만의 산책 시간을 가져보는 것도 좋다. 이번 생일에는 어디를 걸을까?

....

....

3. 건강하게 살아온 것에 감사하고 앞으로도 이렇게 소중한 추억들을 많이 만들어가고 싶어질 것이다. 생일을 맞이한 기분을 상상하며 적어 보자.

....

....

기록을 통해 생일을 어떻게 보냈는지 패턴이 생기고 나를 좀 더 발견하게 된다. 더불어 나만의 행사가 될 수도 있다. 굳이 좋은 선물이 아니어도 마음이 채워지는 것만으로 충분히 즐겁다.

....

....

....

....

내가 이런 곳에 살고 있었구나

*

아는 것이 적으면
사랑하는 것도 적다.

– 레오나르도 다빈치

아는 만큼 보인다. 이 말은 다양한 곳에서 통한다. 걷지 않을 때는 차로 이동하는 곳이 전부였다. 집을 벗어나 가는 장소가 거의 비슷했다. 늘 반복되는 구역 안에 한정되어 있었다. 그게 내 걸음의 한계였다. 그러니 누가 동네 이름을 말하면 다른 도시처럼 들렸다. 가끔 폰으로 검색해서 확인하면 그제서야 눈에 들어왔다. 사실 폰이 없으면 아무것도 찾지 못했다. 그러니 시간이 지나면 금세 잊혀졌다. 직접 걸어보지 않으니 온전히 기억하기도 힘들었다.

그런데 조금씩 걷다 보니 달랐다. 걸으면서 내가 살고 있는 곳을 다시 보기 시작했다. 도시에 대한 정은 오래 살아온 시간에 비례하지 않는다. 아무리 오래 살아도 주변에 어떤 것들이 있는지 무관심하다. 사람들은 자신이 살고 있는 곳에 대해 잘 모른다. 조금만 관심을 기울이고 둘러보면 주변에 의외로 좋은 곳이 많다. 어디를 갈까 걱정하지 않아도 나가 보면 보인다. 집 안 방문턱을 벗어나는 일이 제일 어렵다. 그러니 조금만 용기를 내어 나가보자.

잠시만 걸어도 많은 것으로 채워진다. 운동화를 신고 가장 편하게 갈 수 있는 곳이 생각보다 많다. 그저 아침에 나갔다가 저녁에 다시 들어가는 생활만 이어간다면 슬프지 않은가. 많은 사람을 만나야만 좋은 게 아니다. 한 사람이라도 제대로 내 편으로 만드는 게 낫다. 자신이 살고 있는 도시도 마찬가지다. 많은 곳을 다니는 것도 좋지만 내가 살고 있는 곳 주변을 먼저 알아야 한다. 알고 나면 삶의 질이 달라진다. 내가 사는 곳이 만족스러워야 비로소 다른 곳도 좋은 법이다.

유명한 도시 설계자인 제프 스펙은 "살기 좋은 도시들의 가장 큰 장점은 걷기 좋다는 것이다. 이동수단이 삶의 방식보다 더 중요하다. 이동수단이 삶의 방식 자체를 결정한다."고 했다.

걸어야 보이는 것들이 있다. 도시의 분위기와 생활 속도는 걷지 않으면 알 수가 없다. 특히 도시의 낮과 밤은 다르다. 시간을 달리해 걸어보면 여기가 어딘가 가끔은 낯설기도 하다. 낮에는 꾸미지 않은 민낯이 온전히 드러난다. 보이는 것들이 온통 자연의 모습 그대로다. 하지만 밤에는 각종 조명들로 화려해진다. 때로는 불빛들이 한바탕 축제의 현장 같다. 특별한 이벤트를 할 때 촛불을 밝히는 것처럼. 여기저기 빛들이 무뎌진 감각을 깨워주기도 한다.

'도시를 알아가는 가장 좋은 방법은 걷기다.' 이 말에 공감이 간다. 걷기를 통해 도시를 알아가는 시간이 필요하다. 차가 주는 편리함과 익숙함에서 조금만 벗어나면 또 다른 즐거움이 있다. 어떻게 사는가보다 얼마나 만족스러운지에 중점을 두어야 한다. 그 만족은 빠르게 흘러가는 속도에서는 찾기 힘들다. 길에서 버려지는 시간이 많다면 마음만 초조해진다.

바쁜 출퇴근길에서 늘 경험하지 않는가. 차를 두고 대중교통을 이용하면 걷기와 연결된다. 자연스럽게 걷기로 시작해 걷기로 끝난다. 걸으면 바쁜 상황에서도 눈에 들어오는 게 다르다. 차로 이동할 때 느낄 수 없는 만족감이 있다. 그 만족감을 느끼며 걸어보면 내가 사는 곳을 더 깊이 느낄 수 있다.

요즘은 걷기 좋은 길이 많다. 도시든 시골이든 편하게 걸을 수 있는 길이 다양하게 만들어져 있다. 상황에 따라 여러 길을 걸어보고 걷기 코스를 만드는 게 좋다. 시간이 없을 때 가볍게 걷는 산책로, 여유가 있을 때 걷는 길, 주말에 가보는 새로운 장소. 이런 나만의 걷기 코스가 있으면 든든하다.

걸으면서 '일상을 여행처럼 산다는 것이 이런 거구나.' 느낄 수 있다. 호기심 가득한 눈으로 바라보면 현관문을 열고 나가는 순간이 여행이다. 가끔 코스를 다르게 해서 걸으면 새롭고 밖에 나가 걷는 것만으로도 여행을 가지 못하는 답답함이 덜어진다. 매일 조금씩 걸으면 일상을 여행처럼 살수 있다. 자신이 살고 있는 도시를 자주 여행하면 지루할 시간이 없다.

예전에는 몸도 마음도 지쳤을 때 갈 곳이 없었다. 집을 나서면 아는 곳이 없으니 그저 차 안에 앉아 있다 들어가곤 했다. 그런데 걷고 나서는 갈곳이 넘쳐난다. 기분과 상황에 따라 걷는 길이 다양해졌기 때문이다. 집근처 해반천 옆에 있는 넓은 바위, 산책로가 멋진 숲길, 산길을 걷다보면 보이는 정자, 조용하고 그늘 좋은 벤치. 고요하게 앉아 마음을 달랠 곳이 많다. 도시에서 갈 곳이 있다는 건 축복이다. 특히 주말에 어딜 갈까 고민하지 않아도 된다. 날씨와 컨디션에 맞추어 가볍게 주변을 걷기만 하면 된다. 돌아오는 길에 작은 간식을 나누며 소소한 즐거움을 느끼면 그걸로 충분하다.

걷다가 우연히 새로운 곳을 발견하기도 한다. 맛집이나 카페 등 인터넷에서 찾은 정보가 아니라 내가 직접 알게 된 가게는 더없이 반갑다. 내 발로 탐험하듯 알게 된 곳을 지인들과 나누는 재미도 있다. 그렇게 하나씩 나만의 핫한 가게가 늘어갈 때 도시에 대한 정도 쌓여간다.

사람들은 자신이 살고 있는 곳이 얼마나 좋은지 잘 모른다. 걸으면서 삶의 방식을 조금씩 바꾸어 나가야 한다. 멀리 차를 타고 가야만 여행이 아니다. 가까운 곳을 걸으며 내가 살고 있는 도시를 온전히 알아가는 것도 가치 있는 여행이 될 것이다. 일상이 지루하다면 밖으로 나가 탐험하듯 걸어보자. 우연히 또 다른 세상을 만날 것이다.

산에 올라 자연에서 배우고

*

순간의 결정이 새로운 운명을 창조한다.
우리가 진정 결단을 내리는 순간, 그때부터 하늘도 움직이기 시작한다.

— 앤서니 라빈스

습관을 만들려면 노력이 많이 든다. 웬만해서는 쉽게 자기 것으로 만들기가 어렵다. 그런데 산길을 걸으며 좋은 습관이 많이 생겼다. 그 중에 하나가 관찰력이다. 예전에는 주변에 별로 관심이 없었다. 머릿속이 복잡하니 걸어도 눈에 안 들어왔다. 그저 목적지까지 서둘러 가기 바빴다. 그러나 어느 순간부터는 주변을 자꾸 살피게 된다. 어차피 빨리 갈수도 없고 주의를 기울이지 않으면 잠시 발을 헛디디거나 다칠 수 있다. 그러니 걸으면서도 시선은 여러 곳을 주시한다. 그렇게 걸으면 사소한 것들이 눈에 많이 들어온다. 물소리, 새소리에 귀 기울이다 보면 마음까지 맑아지는 것 같다.

게다가 소소한 풍경에 감탄을 자주 하게 된다. 계절에 따라 달라지는 모습이 어찌나 신기한지. 자연스레 감동과 감탄이 많아진다. 맑은 공기 속에서 감각들이 하나씩 깨어나는 듯하다. 걷고 있으면 그 순간들이 더없이 소중하게 다가온다. 무엇보다 매일의 소중함을 많이 느낀다. 그리고 계절별로 다양한 산의 모습을 보면 신기하기도 하고 배울 게 많다. 이런 관찰력은 일상에서 좋은 점이 많다.

사람들은 너무 바쁘게 사니까 생각할 여유가 없다. 걸으면 자신을 돌아보는 시간이 많다. 그때 떠오르는 생각에 온전히 집중하게 된다. 조용한 산길을 걸으면 몸도 마음도 건강해진다. 자연 속에서 긍정적인 변화가 많이 생긴다. 주변에는 걷고 싶어도 여러 가지 이유로 못 걷는 사람들이 많다. 이렇게 걸을 수 있다는 게 감사하고 축복인 것이다.

등산만큼 성취감을 느끼기 쉬운 운동도 없는 듯하다. 다른 운동은 시간이 많이 걸린다. 어느 정도 실력을 갖추려면 연습을 꾸준히 해야 한다. 그런데 산에 오르는 일은 비교적 간단하다. 땀을 흘리며 조금씩 걷다 보면 어떻게든 하게 된다. 아무리 등산을 못하는 사람이라 해도 몇 번 가보면 다르다. 자신이 좋아하는 음식을 챙겨서 정상 앞에 서보면 느낄 수 있다. 그림 같은 뷰를 보며 먹으면 어느 맛집이 부럽지 않다. 모든 메뉴가 그저 꿀맛이다.

가만히 앉아 자연의 소리에 귀 기울이면 그 순간만큼은 큰 욕심이 사라지는 것 같다. '소중한 것을 깨닫는 장소는 언제나 컴퓨터 앞이 아니라 파란 하늘 아래였다.'는 다카하시 아유무의 말이 떠오른다. '이런 아름다운 풍경을 눈에 많이 담고 살면 좋겠다.' 이처럼 바람도 소박해진다. 길을 걸을 때의 추억과 그에 따른 보람이 마일리지처럼 차곡차곡 쌓여가는 기분도 든다. 그 재미를 느끼고 횟수가 많아지면 자주 찾게 된다.

산길을 오래 걸으려면 인내심이 필요하다. 사실 정상까지 어떻게 갈까 생각하면 때론 막막하다. 시작하기도 전에 부담이 몰려올 때도 있다. 그런데 두려움을 잠시 내려놓고 한 걸음씩 걷다보면 정상까지 가게 된다. 그걸 알면 어떤 것을 시작하는데 두려움이 많이 없어진다. 그냥 어떻게든 해보자는 생각이 먼저 든다.

이제까지 등산을 하면서 중간에 내려간 적은 단 한 번도 없다. 반드시 정상을 찍고 하산을 한다. 산길을 두 발로 걷다보면 중간에 그만두는 일은 없다. 그냥 내려오는 일은 왠지 마음이 허락하지 않는다. 시작한 일에 대한 예의 같은 것이다. 내게 등산이란 정상에서의 풍경을 온전히 눈에 담는 것, 그 자체다. 중간에 내려온다면 처음부터 시작을 하지 않는다. 뭔가 한 번 시작한 일은 끝을 보겠다는 마음이다. 그러니 저절로 끈기가 생긴다. 그런 시간들이 쌓이면 웬만한 일에는 흔들림이 없다.

산에서는 속도가 무의미하다. 빨리 오르고 싶어도 한 걸음씩 가야 한다. 아무리 빨리 가고 싶어도 걸음에 충실하지 않으면 오를 수가 없다. 속도보다 보이는 풍경들을 천천히 눈에 담고 가고 싶어진다. 그 순간들을 진정 즐기다 보면 목표는 금방 도달하게 된다. 그렇게 정상을 향해 나아가는 과정에 대해 생각해 본다.

무엇보다 정직하다. 산에 오르면 금세 체력을 알 수 있다. 산길을 조금만 걸어보면 느끼게 된다. 오르막을 조금만 걸어도 힘겹다. 그동안 내 몸이 얼마나 힘겨웠는지 드러난다. '평소 운동을 조금이라도 해둘걸.' 하는 생각이 저절로 든다. 또한 걸음 수만큼 건강해지고 내 두 발로 걸어온 거리만큼 내 것이 된다. 어떻게든 내 두 발로 걸어가야 오를 수 있다. 누가 대신 해줄 수 없다. 정상에 오를 때보다 내려가는 게 더 조심스럽다. 하산길에 다치는 경우가 많다. 걸음을 잘 살피며 끝까지 안전하게 자신의 길을 가는 게 중요하다. 이 모든 게 어쩌면 인생과 비슷하다는 생각이 든다.

산에 오르는 게 두렵다는 사람들을 종종 만난다. 망설이는 시간에 일단 시도를 해보는 게 좋지 않을까. 망설인다는 건 마음이 자꾸 간다는 의미다. 무엇을 하든 간에 시작은 늘 두렵다. 하지만 시도하지 못한 일은 자꾸 미련이 남게 되고 다음에 또 생각이 난다. 사람은 한 일보다 하지 못한 일을 더 후회한다고 한다. 그러니 시도하는 것 자체로 이미 성공한 것이다.

시도해보고 나서 아니면 다른 방법을 찾으면 된다. 일단 해보면 계속할 수 있을지 알 수 있다. 그 과정에서 조금이라도 배우게 된다. 중간에 그만두게 되더라도 하나의 교훈은 남으니까. 그 경험이 또 다른 도전을 시작하는 용기가 되어줄 것이다.

이토록 노트가 많은 것도 몰랐다니

*

수백 번의 이상적인 생각보다
한 번의 실행이 변화의 시작이다.

– 셰릴 샌드버그

자연 속을 거닐다 보면 마음이 평온해진다. 좋은 에너지로 마음을 가득 채우는 동안에는 그저 즐겁다. 그 상쾌해진 기분이 계속 유지되면 얼마나 좋을까. 집으로 돌아오면 언제나 집안일이 잔뜩 기다리고 있다. 물건은 왜 이렇게도 많은지. 충전된 기분으로 잠시는 괜찮지만 때로는 힘겹다. 청소할 때마다 실감하지 않는가. 치워도 또 쌓이고 정리는 끝이 없다는 걸. 언제 이만큼 쌓였나 싶을 때가 있다.

특히 아이들이 어릴 적에는 더 그렇다. 육아용품부터 장난감까지 여기저기 넘쳐난다. 하지만 자주 정리를 하고 버려도 그 공간만큼 금세 채워졌다. 무엇 때문에 이토록 많은 걸 소유하고 있는 건지. 여러 가지 이유로 채우기만 하다 보니 늘 생활공간에는 여유가 없었다. '이젠 쌓아두기만 하지 말고 잘 사용해야겠구나.' 싶었다.

효율적으로 정리하는 방법을 찾기 시작했다. 그런데 생각처럼 잘 되질 않았다. 정리를 해도 늘 그대로인 것 같았다. 아무리 보기 좋게 진열을 해도 지나고 나면 마음에 들지 않았다. 특히 물건이 너무 많으니 복잡하고 지저분해 보였다. 때론 필요한 물건이 어디에 있는지 한참을 찾을 때도 있다. 이대로면 정리하고 치우는 데에 시간이 더 많이 들 것 같았다. 시간도 에너지도 낭비되니 지칠 때가 많았다. 자연스레 미니멀 라이프에 관심이 갔다.

집에 있으면 책장이 자주 눈에 들어온다. '그래, 책장부터 시작하자!' 정리하겠다고 생각한 순간부터 버릴 것들이 계속 나왔다. 어찌나 버릴 게 끝도 없이 나오는지. 정리를 잘하는 사람은 어떤 사람인가. 정리의 기본은 버리기다. 잘 버리는 사람이 정리도 잘한다. "모든 물건에는 고유의 에너지가 있는데 사용하지 않은 채 방치된 물건에서는 좋지 않은 에너지가 나온다."는 영국 정리 컨설턴트 메리 램버트의 말이 맞다. 이제까지도 안 썼고 앞으로도 쓸 일이 별로 없는 물건들을 처분해야 한다. 그런데 사실 사는 것보다 버리는 일이 더 어렵다. 주변에도 추억이 가득 담긴 물건을 버리지 못해 끙끙거리는 사람들이 많다. 작은 물건 앞에서도 어떻게 할지 망설여진다. 바로 정리하지 않으면 또 시간이 지나 같은 고민을 하고 있을 게 분명했다. 생각날 때마다 자주 책장을 비워 나갔다.

어느 날 수많은 책들 사이로 노트들이 보였다. 공부나 일을 하면서 필요한 자료들을 많이 모았다. 나중에 혹시 필요할까 싶어 그대로 책장에 둔 것들이었다. 학교 다닐 때 쓰던 필기노트들까지 빡빡하게 꽂혀 있었다. '이 노트들은 언제부터 여기에 있었을까.' 갑자기 그 존재가 새삼스럽게 다가왔다.

한때는 노트를 사는 재미가 있었다. 마음이 가는 노트를 발견하면 그냥 지나치질 않았다. 우연히 들른 문구점에서, 여행을 갔다가 독특한 노트를 발견하고는 반가운 마음에 샀다. 디자인이 예쁘고 싸서 세일할 때 하나씩 사다 모은 것들이다. 기록을 좋아해서, 노트가 필요해서 사는 건 아니었다. 사두면 언젠가는 쓰겠지 하는 생각이었다. 그때는 정성들여 쓸 수 있을 것 같았다. 그렇게 기대하면서 구입했는데 이제는 버리지도 못하는 애물단지라니!

노트의 양이 새삼 놀라웠다. 깨끗하고 버리기는 아까우니 일단 가지고 있자는 마음에 둔 건데 먼지와 함께 그저 자리만 차지하고 있었다. 그런 노트들이 안쓰러워 하나씩 펼쳐 보았다. 노트의 대부분은 앞부분만 채워져 있었다. 절반이라도 쓰면 다행이었다. 몇 장만 쓰고 깨끗한 것도 많았다. 써보면 안다. 노트 한권을 끝까지 채우는 일은 생각보다 어렵다는 것을. 여기저기 쓰다가 중간에 그만둔 노트들! 한두 장 쓴 것들은 그 부분을 찢어버리고 다시 꽂아 두었다. '나중에 써야지.' 하는 마음으로. 그렇게 해도 여전히 안 써지는 건 마찬가지다.

도미니크 로로가 쓴 『지극히 적게』라는 책에 이런 말이 나온다. "사람들은 엄청난 양의 물건을 쌓아두는 데 성공했지만, 세상에 대해 느끼는 즐거움이 줄어들었다. 돈은 무엇을 사기보다는 경험하고, 공부하고, 여행하는 데 써야 한다."

책장 앞에서 잠시 생각에 잠겼다. 이걸 언제 다 쓴다고 이렇게나 모아 두었을까. 물건은 쓰지 않고 두면 그 의미도 희미해진다. 살 때의 설레임이 기억도 안 났다. 그저 책장을 채우고만 있는 종이일 뿐이다. 사용되지 않는 것들을 버리고 가치 있는 곳에 에너지를 투자해야겠구나 싶었다.

정리할 생각을 하니 피곤해졌다. 왜 그토록 많은 노트들을 구입하고 쓰지도 않은 채 간직했을까. 무슨 생각으로 이것들을 수집하고 있는 건지. 노트를 펼쳐서 깨끗한 지면을 물끄러미 바라보고 있는데 '제발 뭐라도 꾹꾹 눌러 써 달라.'고 외치는 듯 했다. 이제까지 모은 노트를 다 채우려면 한참이 걸리겠지. 더 이상 노트는 안 사도 될 것 같았다. 노트가 없어서 못 쓰는 게 아니다. 정말 쓰고 싶은 마음이 간절하다면 도구가 중요한가. 노트만 자꾸 살 게 아니었다. 정리를 자주 하지 않으니 또 잊고 사게 되는 것이다. 지금 가진 걸 활용해서 어떻게든 쓰면 된다.

용기를 내서 정리를 해도 마찬가지다. 또다시 그 자리에 노트가 채워졌다. 그런 상황이 반복될수록 집착인가 싶은 생각도 들었다. 책장을 볼 때마다 보관만 해두는 게 마음이 안 좋았다. '이렇게 정리가 안 되는 노트들을 언제까지 보고만 있어야 할까.' 모든 건 욕망에서 비롯된다. 필요보다 갖고 싶은 욕망이 자꾸 물건만 사게 만드는 게 아닐까. 나는 그동안 기록보다 어쩌면 물건에 집착하며 살았는지도 모른다. 기록에 대한 간절함이 먼저다. 왜 기록을 해야 하는지. 그 간절함도 중요성도 몰랐기 때문에 노트만 샀던 것이다.

물건은 사는 것보다 잘 관리하는 데 의미가 있다. 하지만 대부분 소비에 급급하다. 구입하는 게 전부인 것처럼. 일단 내 것이 되면 이상하게 또 다른 물건이 눈에 들어온다. 그렇게 소비를 반복하며 사는 건 아닌지. 지금 가지고 있는 물건을 잘 쓰고 있는지 한 번쯤은 돌아봐야 한다. 주변을 살펴보자. 보이는 곳마다 온통 물건에 둘러싸여 있지는 않은가. 그 중에 내게 가장 꼭 필요한 물건은 얼마나 되는지 생각해봐야 한다.

'언제까지 이렇게 노트와 씨름할 것인가.'

당장 정리를 하지 않으면 노트를 볼 때마다 계속 불편해질 게 분명했다. 그 마음을 조금이라도 덜어내고 홀가분해진 마음으로 책장 앞에 서고 싶어졌다. 그래서 굳은 마음으로 다짐했다. '내가 너를 더 이상 책장에만 두지 않겠어!'라고.

이제 끄적거리는 건 그만하자

*

불가능과 가능의 차이는
당신의 결심에 달려있다.

- 토미 라소다

예전에는 나름대로 기록을 했었다. 조금씩 써 두었던 수첩과 노트의 흔적들을 보면 쓰긴 했구나 싶다. 그런데 손에 잡히는 대로 쓰다 보니 일관성이 없었다. 대부분 쓰다가 어딘가에 두고 잊어버리거나 필요할 때면 찾느라 한참을 헤맸다. 그러다가 또 사게 되는 일이 잦았다. 수첩이 많아지자 여기저기 쓰다 그만두기를 반복했다. 체계적이지 못한 메모는 찾을 수도 없고 어디에 있는지조차 모른다. 그 많던 기록들은 다 어디로 갔을까. 세월 따라 버려졌지만 제대로 관리했다면 분명 의미 있는 자료가 되었을 것이다.

기록은 그 자체로 가치가 있다. 끄적거린 낙서든 공을 들여 쓴 메모든 간에. 오늘 내가 쓴 작은 메모 하나가 삶을 바꿀 수도 있음을 알아야 한다. 공들이지 않은 끄적거림도 때론 필요하다. 작은 메모가 연결되면 또 다른 생산적인 아이디어를 만들어낸다.

어느 날 문득 스치는 생각이 자신을 어디론가 이끄는 계기가 될 수도 있다. 예전에는 그걸 몰랐다. 성장의 밑거름이 되어주는 기록이 중요하다는 걸 늦게 깨달았다.

알고 나니 제대로 기록하고 싶어졌다. 무엇부터 해야 할까. 고민하다 당장 노트부터 바꾸기로 했다. '아무 노트에 되는 대로 쓰는 건 그만 해야겠구나.' 하는 생각이 들었다. 기록도 나름의 원칙과 소신이 없으면 힘들다. 아무렇게나 쓰면 흔적도 없게 된다. 한두 번 쓰고 끝낼 게 아니라면 어디에 쓰는가는 대단히 중요하다. 기록을 하려면 아무 데나 말고 제대로 된 노트를 정하는 게 좋다. 그래야 계속 쓰고 싶어지고 오래 쓰게 된다.

기록은 '인간의 본능'이라고 한다. 인간의 기억은 유한하다. 그래서 사람들은 오래 전부터 문자나 그림을 통해 기록으로 남기고 싶어 했다. 문자로 남기려는 노력이 없었다면 늘 그 자리에 머물러 있었을지도 모른다. 그 기록들 덕분에 계속 문명이 발전해왔다. 기록은 개인이나 사회에서 아주 중요한 부분을 차지한다. 기록이 중요하다는 걸 알지만 무언가를 꾸준히 쓴다는 건 여전히 어려운 일이다.

계속한다는 것은 기본을 갖추는 데서 시작한다. 운동하는 사람은 발에 맞는 운동화가 있어야 언제든 신고 나갈 수 있다. 그러니 쓰는 사람에게 노트는 필수다. 비범한 사람들은 자신만의 노트가 있다. 그런 노트가 쌓일 때 실력도 함께 올라간다.

기록하기로 결심하고 신중하게 노트를 골랐다. 어떤 노트를 사용해야 편하게 오래 쓸 수 있을까. 일본에는 메모광이 참 많다. 그들이 어떤 노트에 쓰는지 탐색하다가 마음에 드는 노트를 발견했다. 바로 그 유명한 옥스퍼드 노트다. 문구점에 가면 흔히 볼 수 있어서 이름을 들어본 적이 있다. 눈길만 주었고 한 번도 써보지는 않았다.

기본을 갖추기 위해 노트를 집중 탐구해봤다. 노트라고 해서 다 같은 게 아니었다. 사이즈도 다양했고 크기에 따라 용도가 달랐다. 이제까지 대체로 A4 크기의 노트만 써왔다. 그다지 실용적이지 않았다. 가방 안에 넣으면 꽉 차는 느낌이 들었다. 부피가 있으니 많이 들고 다닐 수도 없었다. 노트가 크면 불편해서 자주 쓰지 않게 된다. 기록에 익숙하지 않은 상황에서 자주 쓰려면 무엇보다 들고 다니기 편해야 했다.

옥스퍼드 노트는 특히 종류가 많다. 그중에 A5사이즈가 가장 좋다. 단행

본 책 크기 정도라 작은 가방에도 쏙 들어간다. 노트가 크면 실용성이 떨어진다. 작은 사이즈는 어디에나 올려 놓고 쓸 수 있다. 펼치면 A4크기 정도로 자리를 많이 차지하지도 않는다. 꺼내 보기도 편하고 부담이 덜하다. 휴대하기도 좋아 어딜 가든 부담이 없다.

이 노트의 장점은 펼쳤을 때 알 수 있다. 스프링이나 다른 일반 노트에 비해 잘 펴져서 쓰기에 불편함이 없다. 뒷면에 비침 현상도 없어서 어떤 필기류로 쓰더라도 편하다. 왼쪽에 세로 줄이 그어져 있는데 써보니 이게 아주 유용했다. 쓰다보면 선이라는 것도 예사롭지 않다. 선이 거기에 있는 이유가 분명히 보인다. 이 하나의 라인이 얼마나 편리한지 쓰면서 알게 된다. 그걸 경험하고 다양한 색상으로 한 번에 열 권을 구매해서 쓰기 시작했다. 그 때부터 기록이 수월해졌다.

일을 효율적으로 하기 위해서는 무엇보다 단순해야 한다. 노트 크기는 동일한 게 좋다. 사이즈가 다양하면 일관성이 없어서 관리도 어렵다. 동일한 사이즈면 표지 맨 앞에 제목만 잘 표시해 두는 걸로도 충분하다. 여러 권 준비해 용도에 맞게 이름을 쓰기만 하면 된다. 어떤 노트에 쓸까 더 이상 고민할 필요도 없었다. 사이즈가 같으니 책장에 꽂아 두면 가지런해서 보기도 좋았다. 깔끔하게 정리된 느낌이 든다. 비슷한 것끼리 동일한 사이즈로 세워져 있을 때 주는 안정감이 계속 쓸 수 있도록 이끌어준다. 이렇듯 제대로 쓰는 사람은 책장만 봐도 알 수 있다.

처음부터 매수가 많은 걸 사면 안 된다. 너무 많으면 다 못 채우고 지친다. 노트는 50매 정도가 적당하다. 한 면을 채우는데 부담이 없고 조금만 노력하면 금방 다 쓰게 된다. 한 권을 다 채웠을 때 뿌듯함도 느낄 수 있다. 보통 한 권을 다 쓰지 못하는 이유는 그 두께에 있다. 이제까지 썼던 노트들은 양이 너무 많았다.

아무리 많이 적는다 해도 다 쓰기는 힘들다. 그러니 중간까지도 못 쓰고 그대로 꽂아 둘 수밖에 없었다. 작게 조금씩 채워가는 재미를 통해 자신감과 의욕이 생긴다. 그래야 또 쓰게 된다.

사이즈부터 휴대까지 한 번에 해결되니 의욕이 생겼다. 이제는 부지런히 쓰는 일만 남았구나. 노트마다 이름을 붙였다. 일기장, 독서노트, 영화노트, 강의 내용을 담아두는 기록장까지 용도를 다르게 했다. 하지만 노트 종류는 하나였다. 빈칸을 채워나갈 생각을 하니 기분이 좋았다. '저 노트의 마지막 장을 덮는 순간이 곧 오겠지.' 하며 상상하는 것도 즐거웠다. 그렇게 쓰다 보니 어느새 노트가 쌓여갔다.

기계에 기록하면 여러 가지로 편하다. 하지만 그것에 익숙해져 있으면 나중에는 더 불편한 상황과 마주하게 된다. 아무리 편해도 노트는 차원이 다르다. 작은 노트 한권에 생각을 담아두면 그 위력은 엄청나다. 기본을 갖추듯 마음에 드는 노트를 하나 정하고 외쳐보자. '이제 끄적거리는 건 그만하자.'라고. 기록하려면 그렇게 결심하는 순간이 필요하다.

2장

조금씩
쓰려고
노력하다 보니

가볍게 세 줄 일기부터 시작해볼까

요즘은 자신의 생각을 표현할 수 있는 수단이 많다. 갈수록 편리해지는 도구들과 스마트폰 덕분에 늘 쓰는 생활을 하고 있다. 문자와 카톡 등 우리가 하는 모든 행동이 쓰기와 연결되어 있다. 우리는 다양한 sns를 통해 짧게라도 생각을 공유하는 게 일상이 되었다. 생활 속에서 작은 것도 글로 쓰는 게 중요해진 세상에서 직접 해보면 안다. 자신의 생각을 글로 잘 표현하는 게 생각보다 어렵다는 것을.

글을 잘 쓰고 싶다면 일기를 써야 한다. 글쓰기에 다소 쉽게 접근할 수 있는 게 바로 일기다. 제대로 된 글을 쓰려고 하면 시작부터가 어렵다. 그러나 일기는 가볍게 쓸 수 있다. 누가 보는 것도 아니고 따로 정해진 형식도 없다. 그저 의식의 흐름을 따라 써나가면 된다. 아이들도 그림일기는 가볍게 쓰지 않는가. 그런 식으로 편하게 접근해야 한다.

쉽게 쓸 수 있을 것 같지만 많이 쓰지 않는 것 또한 일기다. 일상을 기록한다는 게 생각만큼 잘 안 된다. 언제부터 일기 쓰는 게 이토록 힘들어졌을까. 우리는 초등학교 때 일기를 열심히 썼던 기억이 있다. 방학에는 밀린 일기를 한꺼번에 쓰느라 끙끙거렸던 추억이 있을 것이다. 검사를 한다는 생각에 의무적으로 쓰긴 했다. 그 덕분에 나름 쓰곤 했다. 이제는 누군가의 검열이 없다. 마음대로 쓰면 된다. 그런데도 일기를 쓰는 사람이 얼마나 될까. 편하게 쓸 수 있는 환경이지만 또 그만큼 어려운 게 현실이다.

아이를 키우면서 이따금 육아일기라는 것을 써 봤다. 육아는 시간이 흐른다고 수월해지는 것도 아니었다. 힘든 순간들을 그저 노트에 쏟아내는 게 좋았다. '아, 이 시간도 곧 지나가겠지.' 하는 마음으로. 아이들의 성장 과정이나 특별한 일들을 메모했다. 하루 일과와 일정들을 적어두기 위해 다이어리도 써봤다. 볼펜을 굴리며 하얀 노트를 채워나가는 시간, 낙서하고 메모하는 순간들이 즐거웠다. 그런 시간들이 쌓여가니 당장은 답이 없어도 견딜 만했다. 앞으로 어떻게 할지 생각하며 적다 보면 마음의 여유도 조금씩 생겼다.

늘 똑같은 일상의 연속이라 쓸 게 별로 없었다. 마트 장을 보고 약속이나 육아와 관련된 것들이 전부였다. 습관이 되지 않으니 자리에 앉는 것도 힘들었다. 다른 건 손에 쥐고 있어도 펜을 한 자루 드는 게 어렵게 다가왔다. 온종일 집안일과 육아를 하다보면 편하게 앉아 있을 시간이 잘 없다. 갈수록 메모하는 시간도 줄어들었다. 일관성 없이 손에 잡히는 대로 쓰다 보니 지속적으로 하지는 못했다. 가끔 썼기 때문에 '어딘가에는 있을 텐데.' 하고 막연하게 생각할 뿐이다. 궁금해서 찾아봐도 안 보였다. 그 노트들은 다 어디로 간 건지. 마음 가는대로 쓰다가 그만두는 일이 반복되었다.

매일은 비슷해도 조금씩 다르다. 계속 쓰면서 그 즐거움을 알았으면 좋았을 텐데. 방법을 몰랐고 어떻게 해야 할지 막연했다. 어쩌다 생각이 나면 노트를 펼쳐 드니 안 써도 그만이고 차츰 쓰는 일이 귀찮아졌다. 일주일에 몇 번은 써야지 하고 시도를 해봤다. 역시나 오래가지 못했다. '꾸준히 하지 않으면 여기저기 흔적만 남기겠구나' 더 이상 그런 생활을 계속 반복하기는 싫었다.

그러다 세 줄 일기를 알게 되었다. '세 줄 일기를 쓰면서 우울증을 극복했다'는 기사도 읽었다. 반응이 좋아 세 줄 일기 앱까지 생겼는데 세 줄의 글과 한 장의 사진으로 기록하는 게 전부였다. 그런데 약으로도 해결하지 못하는 마음의 병까지 고치다니. 그 효과는 엄청났다. SNS에서 일상을 자랑하거나 과시하는 게시물을 많이 보면 우울감도 커지고 자존감이 많이 떨어진다. 하지만 짧고 진솔한 이야기를 담은 세 줄 일기는 그 자체로 힘이 된다. 일기는 개인적인 기록이지만 익명으로 공개해 자신의 속마음을 남기고 서로의 일기에 공감과 위로를 전하면서 치유가 되기도 한다. 그렇게 비슷한 고민의 일기를 보면서 자존감을 되찾는 사람들이 많아졌다.

"건강해지고 싶은가요? 그럼 세 줄 일기를 써보세요. 세 줄 일기를 쓰면 흐트러진 자율신경이 바로잡히면서 심신이 안정됩니다." - 고바야시 히로유키,『하루 세줄, 마음 정리법』중에서

일본 자율신경 분야의 일인자인 저자는 자율신경 조절의 비밀을 밝히려고 애써왔다. 오랜 연구 끝에 효과가 탁월하고 간편한 방법을 발견했다. 그것이 바로 세 줄 일기다. "몸은 퇴근했어도 스트레스는 몸 안에 남아있다. 하루 세 줄로 그날 스트레스는 그날 리셋하라."고 하며 스트레스 리셋 처방전으로 하루 세 줄 일기를 적극 추천했다.

세 줄 일기란 잠자리에 들기 전 책상에 앉아 하루의 일상을 세 문장으로

간단하게 요약하는 것을 말한다. 한 장은 부담되지만 세 줄인데 그 정도는 할 수 있을 것 같았다. 일단 시도를 해봤다. '오늘 무슨 일이 있었나.' 하루를 떠올리며 앉아 있는 일이 어색했다. 처음에는 생각하느라 한참이 걸렸다. 평소 하지 않던 일이라서 더 그랬다. 그런데 점점 시간이 줄어들어 5분 정도면 쓸 수 있었다. 간단하게 하루를 돌아볼 수 있고 감정을 정리하며 치유되는 기분이 들어 좋았다. 쓰는 데 시간이 별로 걸리지 않는 것도 마음에 들었다.

어떻게 쓰면 좋을까. 효과적인 방법이 있을까 해서 찾아봤다. 책에는 반드시 손으로 쓰기를 권한다. 휴대폰이나 워드보다 손으로 써야 효과가 있다고 한다. 다른 곳에 첨부하지 말고 세 줄 일기 전용 노트를 마련하는 게 낫다. 연필, 볼펜, 만년필 상관없이 자신의 취향에 맞는 필기류를 택해서 쓴다. 꾸준히 쓰기 위해서 쓰는 시간대와 장소를 미리 정해놓는 게 좋다.

1. 오늘 가장 안 좋았던 일 (컨디션이 좋지 않았거나 기분 나빴던 일)
2. 오늘 가장 좋았던 일 (기뻤던 일, 감동적이거나 뿌듯한 일)
3. 내일의 목표 (내일 해야 할 일, 관심 있는 일, 가벼운 목표)

세 가지를 동시에 생각하지 말고 하나씩 생각하고 써야 한다. 질문 하나에 한 줄씩, 세 줄로 끝나기 때문에 일기라기보다 가계부나 메모에 가깝기도 하다. 그런데 그 메모가 쌓이면 엄청난 일기가 된다.

세 줄 일기는 빠르게 흘러가는 하루에 점 하나를 찍는 일이다. 그런 틈을 내지 않으면 시간을 어떻게 보내고 있는지 알 수가 없다. 효과도 빠르고 시간도 오래 안 걸리고 심지어 돈도 들지 않는다. 잠시 시도해 보는 것으로 만족감이 컸다. 몇 달을 쓰다 보니 어느새 일상의 부분으로 자리 잡게 되었다. '피곤해도 세 줄 정도는 쓰고 잘 수 있겠구나.' 생각하니 어떻게든 하게 된다. 가볍게 시작하니 계속 해나갈 수 있는 끈기도 생겼다. 별것 아닌 이 작은 일에도 해냈다는 성취감이 들다니. 마음이 홀가분해졌다.

잠시 시간을 내어 세 줄 일기를 써보자.

1. 하루를 보내며 불쾌하거나 힘들었던 일이 있었는가?

....

....

....

2. 오늘 가장 기쁘고 즐거웠던 일은 무엇인가?

....

....

....

3. 내일은 어떻게 보내고 싶은가? 다짐과 계획들을 적어보자.

....

....

....

한 줄의 기적, 감사가 답이구나

*

감사는 영혼에서 우러나오는
가장 아름다운 꽃이다.

– 헨리 워드 비처

삶을 바꾸는 방법들은 다양하다. 정보와 방법은 주변에 넘쳐난다. 하지만 방법이 아무리 많아도 실천하지 않으면 내 것이 되지 않는다. 실천이 답이다. 무엇이라도 행동으로 옮기는 게 어렵다. 일단 시작하면 어떻게든 해나간다. 그런데 중간에 그만두면 변화는 기대하기 힘들다. 어려워도 그 가운데 부단한 노력으로 변화를 일구어낸 사람들이 있다. 도대체 어떤 사람들일까. 그들은 자신이 이루고자 하는 게 무엇인지 분명하고 시간을 잘 관리한다. 그리고 목표를 위해 단순히 생각만하지 않는다. 늘 무언가를 쓰면서 꾸준히 기록해나간다. 손으로 쓰면 이루어진다는 걸 아는 사람들이다.

머릿 속으로 생각만 하지 말고 일단 써야 한다. 작은 끄적임이라도 시도 해보면 쓸거리가 의외로 많다. 그 중에 대표적인 것이 바로 감사일기다. 특히 성공한 사람들의 배경에는 항상 감사가 있다. 많은 책에서 감사 일기를 권하고 있고 쓰면서 변화를 경험했다는 말을 수도 없이 들었기에 그 좋은 점을 잘 알고 있다.

주변에도 감사일기를 쓰는 사람들을 많이 봤다. 그런데 과연 자기 것으로 만들어 지속하는 사람이 얼마나 될까. 좋은 점을 아는 것과 실천해서 내 것으로 만드는 건 분명 다르다. 알고는 있어도 선뜻 쓸 생각을 못했다. 요즘은 일기를 쓰는 사람도 많지 않은 것 같다. 더구나 감사 일기라니. 쉽지 않아 보였지만 일단 써보기로 했다.

자기 전에 10개씩 썼다. 뭐가 되든 간에 조금이라도 적어보자는 생각이었다. 생각나는 대로 그냥 써내려갔다. 하루를 돌아보니 그래도 감사할 일들은 있었다. 작고 소소한 것들까지도 쓰다 보니 기분이 한결 나아질 때가 많았다. 무슨 일이 있었는지 떠올려보고 그 가운데 의미 있는 것들을 생각하며 적었다. '당장에는 모르지만 조금씩 쓰다 보면 달라지겠지.' 나를 지키는 단단한 힘은 하루아침에 생기는 게 아니다. 어떤 변화가 있는지 알려면 계속하는 수밖에 없다. 잘 모르지만 조금씩 적어보겠다는 각오로 아무리 피곤해도 쓰고 잤다.

감사 일기를 쓰는 일은 상당한 의지가 필요했다. 늦은 시간에 피곤을 이기고 쓰고 앉아 있는 게 힘들었다. '하루 정도 건너뛴다고 무슨 일이라도 생길까. 그냥 오늘은 넘어가자.' 싶은 날도 있었다. 견딜 수 없는 날이 이어졌다. 그럴 때마다 앞에 써왔던 것들을 보면서 마음을 다잡았다. 위기를 최대한 빨리 벗어나고 싶은 마음이 간절했기에. 현실이 바뀌지 않으니 내 마음을 바꾸는 게 빠를 것 같았다. 무엇보다 이것을 통해 어떻게 바뀔지 기대하는 마음이 컸다. 그래서 묵묵히 썼다.

처음에는 방법도 몰랐다. 그저 떠오르는 대로 적었다. 이제껏 겪지 못했던 일들이 한꺼번에 몰려왔던 2017년은 살면서 가장 힘든 해였다. 계속 쓰다 보니 한해를 마무리 할 때쯤 3,650개의 감사가 남았다. 그 시간들을 오롯이 감사 일기를 쓰면서 견딜 수 있었다. 그때 감사일기를 쓰지 않았으면 어떻게 한 해를 지나올 수 있었을까. 돌아보니 감사 일기는 한 사람의 의식을 바꾸어 놓기에 충분했다. 매일 쓰면서 당장에 느끼지 못할 뿐 조금씩 달라지고 있었던 것이다. 아무리 고통 속에 있어도 찾아보면 감사할 게 있다는 게 신기했다.

한 해 동안 매일 10개씩 쓰고 나니 적응이 되었다. 자연스럽게 습관으로 자리 잡았다. 더불어 삶의 활력과 자신감도 생겼다. 이후로 지금까지 매일 5개씩 쓰고 있다. 하루를 마무리하며 잠시라도 적어보니 차오르는 기쁨과 평안은 말로 표현할 수 없었다. 평범한 하루에 아무것도 쓸 게 없을 것 같은 날에도 쓰다 보면 기분이 좋아졌다. 아주 작은 것 하나를 적으면서도 울컥해졌다. 법정 스님도 "물 위를 걷는 게 기적이 아니라 살아 숨 쉬는 순간의 연속이 기적이다."라고 하셨다. 살아 있음이 기적이다. 오늘 하루 별 탈 없이 건강하다는 그 자체로 감사하다. 특별할 것도 없는 일상이 감사한 일들로 인해 행복해졌다. '감사하는 삶이 행복'이라는 걸 그때 깨달았다.

존 밀러는 "사람이 얼마나 행복한가는 그의 감사의 깊이에 달려있다."고 했다. 감사하는 삶이 곧 행복한 삶이다. 모든 행복한 일상에는 감사가 있다. 외출했다 집으로 돌아가는 차 안에서 아이들과 가끔 미션을 수행하기도 한다. "오늘 감사했던 것 3가지를 차례로 말해볼까." 무엇이든 간에 계속 말하다 보면 기분이 좋아진다. 장난치던 아이들도 작은 것들을 나누면서 웃게 된다. 아들은 "엄마, 별로 얘기할 게 없었는데 의외로 감사할 게 많은 것 같아요."라고 했다. 그러는 동안 감사하는 습관이 자연스럽게 만들어졌다. 식당엘 가도 마트나 대중교통에서도 "감사합니다~"라는 말이 너무나 자연스럽다. 엘리베이터나 길에서 사람들과 마주치면 누구에라도 밝게 인사를 했다. 아이들도 이제는 "감사합니다~"라는 말을 자주 한다. 어느새 감사가 몸에 익숙해졌다.

감사 일기의 효과와 영향은 놀라울 정도다. 하루에 몇 줄 쓴다고 달라질까 싶기도 하다. 하지만 그 효과는 직접 써보면 안다. 그 몇 줄이 인생을 바꿀 수도 있다. 감사는 열심히 살아야 할 구실을 제공해준다. 잊고 있던 열정까지도 되살려준다. 열정을 회복하려면 감사 일기를 써야 한다. 감사 일기를 통해 내가 어떤 삶을 살고 있는지 진정 돌아보게 된다.

감사 일기를 쓰면 삶의 여유가 생긴다. 그 여유로 인해 일상에서 마주하는 것들에 좀 더 유연하게 대처할 수 있다. 사람과 사물을 보는 눈도 몰라보게 달라진다. 그로 인해 긍정적이고 밝은 생각을 많이 하게 된다. 좋은 기운을 항상 유지하며 부정적인 생각도 줄어든다. 그 기운으로 감사함을 온전히 받아들이는 동안 놀라운 변화를 경험하게 된다. 생각하는 것을 글로 남기면 오랫동안 영향을 준다. 그런 과정을 통해 행동의 변화가 일어난다.

감사 일기를 쓸 때는
1. 한 줄이라도 좋으니 매일 쓰자.
2. 주변의 모든 일에 감사하고 긍정문으로 쓸 것.
3. 무엇이 왜 감사한지를 구체적으로 작성한다.

이유를 구체적으로 써야 한다. 일어난 사건만 단순히 늘어 놓아서는 변화가 생기지 않는다. 긍정적인 감정이 삶에 스며들도록 해야 한다. 무미

건조한 감사 일기는 별다른 효과가 없다. 무엇이 왜 감사한지를 생각하며 써야 그 느낌이 강화된다. 긍정적인 표현을 더욱 많이 쓰면서 습관으로 자리 잡도록 해야 한다. 그래야 평소 쓰는 언어나 말투도 긍정적으로 바꿀 수 있다.

감사한 일이 있으면 말로 글로 표현을 하자. 매일 지속적으로 하게 되면 자신도 모르게 밝아지는 걸 느낄 수 있다. 우울한 감정으로 내 마음을 병들게 하기에는 인생이 너무 짧다. 행복하기로 마음먹고 실천하는 삶을 살기 위해 노력해야 한다. 말과 글이 바뀌어야 삶이 달라진다. 긍정적인 변화는 말에서 시작되기 때문이다. 어떤 사건을 보느냐가 아닌 그 사건을 어떻게 보는가가 더 중요하다.

눈만 뜨고 호흡한다고 살아있는 건 아니다. 삶을 순간순간 느끼는 축복을 누리며 감사하는 삶을 살아야 한다. 감사 일기를 쓰다 보면 사소한 일이나 작은 순간도 놓칠 수가 없게 된다. 일상이 지루하고 단조롭다면 감사 일기를 써보자. 작은 노력으로 일상에서 많은 변화를 경험할 수 있다. '감사일기'는 한 줄의 기적이다.

감사는 찾는 사람에게 보인다. 단 몇 줄이라도 쓰다 보면 이렇게 감사할 것들이 있구나 새삼 느낄 수 있다. 작고 소소한 것이라도 찾아서 기록으로 남겨보자.

영화도 그냥 보기만 하면 아쉽다

*

가장 멋진 생각은 적어두지 않으면
까맣게 잊힐 위험성이 있다.

― 쇼펜하우어

영화를 보는 것이 쉽지 않던 시절이 있었다. 데이트를 하거나 뭔가 의미를 두고 싶은 특별한 날에 영화관을 찾았다. 극장이 멀어서가 아니라 그만큼 여유가 없었다. 그런데 언제부턴가 영화는 일상이 되었다. 나이에 상관없이 많은 사람들이 영화를 즐긴다. 어디에 있건 간에 스마트폰에 접속해서 바로 볼 수 있기 때문이다. 볼 만한 작품이 넘쳐나서 무엇을 보는지 결정하는 게 문제다. 원하는 영화를 바로 찾고 쉽게 얻을 수 있는 세상에서 어떤 걸 고르느냐가 관건이다.

드라마보다 영화를 더 좋아한다. 시리즈로 된 드라마를 끝까지 보려면 상당한 인내심이 필요하다. 다음 회가 궁금해서 계속 보고 앉아 있으면 시간이 훌쩍 가버린다. 기다렸다가 보는 것도 상당히 힘들다. 또한 마지막 회까지 챙기려면 제법 많은 시간을 견뎌야 한다. 그럴 여유가 별로 없어서 영화를 더 선호하는 편이다. 드라마에 비해 영화는 비교적 짧은 시간 안에 많은 걸 담고 있어서 좋다.

주인공을 따라 가는 여정이 흥미로워 시간 가는 줄 모르고 빠져 있을 때가 많다. 볼 때는 대체로 즐겁다. 그런데 나중에는 제목도 안 떠오르고 어떤 내용에 누가 나왔는지 기억이 희미해졌다. 더구나 외국 영화는 주인공 이름도 외우기가 어려우니 더욱 답답했다. 인터넷으로 검색해서 찾아보는 일이 잦아졌다. '그토록 재밌게 봤는데 이 느낌은 뭘까.' 싶을 때가 많았다. 다른 사람들도 그런지 궁금해졌다.

영화를 보고 나서 가끔 메모를 했다. 줄거리와 느낌을 간단하게 써 두었다. 그런데 시간이 지나면 또 그런 수첩이 한두 개씩 늘어났다. 중요하지 않으니 써놓고 잃어버리는 일이 잦았다. 어떨 때는 수첩을 못 찾아서 컴퓨터에 쓰기도 했다. 아무데나 적어두니 수첩만 많아졌다. '이러다가 짐만 늘겠구나.' 메모가 여기저기 늘어나자 마음이 복잡해졌다. 쌓여가는 메모와 수첩들을 정리해야 했다. 방법을 찾다가 작은 노트를 하나 마련했다. '쓰다 보면 좋은 방법이 떠오르겠지.' 하면서. 노트 맨 앞에 '영화노트'라고 썼다. 그게 영화 기록의 시작이 되었다.

영화를 보는 이유는 사람마다 다양하다. 처음에는 영어공부를 하려고 봤다. 영어 소리에 익숙해지고 상황에 맞는 영어를 조금이나마 익히고 싶어서였다. 직접 가보지 못하는 곳들의 다채로운 문화들을 영화를 통해 접하는 게 재밌었다. 영화를 보는 편수가 많아지자 인생 공부를 위해 영역을 넓혔다. 장르도 가리지 않고 눈에 들어오는 대로 봤다. 블로그나 책, 잡지에서 소개하는 영화가 있으면 메모해 두었다가 찾아서 보기도 했다. 처음에는 연간 30편 정도를 봤다. 시간이 흐르자 점차 많아졌다. 노트에 기록하지 않을 때는 연평균 30편 정도였다. 그런데 쓰다 보니 관심사가 보였고 더 열심히 몰입하게 되었다. 그렇게 하다 보니 요즘은 한 해 평균 100편 정도 보는 편이다. 최근까지 누적된 영화가 900편이 넘었다. 내년쯤이면 1,000편의 영화를 보게 될 듯하다.

이제까지 본 영화를 다 기억할 수는 없는 일이다. 그래서 틈나는 대로 다이어리에 영화 목록을 적는다. 날짜와 제목, 간단한 키워드를 기록해 두면 리스트만 봐도 영화를 보던 그때가 떠오른다. 오랫동안 나누고 싶은 영화는 블로그에 느낌을 쓴다. 그렇게 지금까지 리뷰한 영화가 150편이 조금 넘는다. 매월 말일이 되면 나만의 월간 행사가 있다. 한달 동안 어떤 영화가 좋았는지 정리하는 시간을 가진다. 이 과정을 오래 하다 보니 어느새 영화가 생활의 일부가 되었다.

　단순히 본 것에서 끝나면 왠지 아쉽다. 영화도 책과 마찬가지로 보고 나서도 남는 게 있어야한다. 머리를 식히기 위해 잠시 오락 정도로 즐기는 시간은 어쩔 수 없다. 매번 긴장 상태로 영화를 볼 수는 없으니까. 그런 경우를 제외하고는 한 줄의 깨달음이라도 남기려고 애쓰는 편이다. 그래야 보느라 들인 시간이 아깝지 않을 테니까.

　책을 읽고 나면 독후활동을 한다. 영화도 마찬가지로 보고 나서 할 수 있는 일들이 참 많다. 한 편의 영화에는 책만큼이나 소중한 교훈들이 넘쳐난다. 한 사람의 인생, 살아가는 방식, 삶의 철학이 담겨있다. 작품 속에 녹아 있는 새로운 것들이 보인다. 인터넷을 검색하면 바로 나온다. 하지만 내가 느끼고 기록한 것은 또 다르다. 그러니 영화를 보고 나서도 반드시 적어두어야 한다. 그렇게 하지 않으면 내가 느낀 것을 온전히 재생할 수가 없다. 소중한 정보를 내 것으로 만들어야 한다. 독특한 줄거리와 인생 전체를 흔들 만한 명대사, 그때의 깨달음을 그냥 흘려 보내서는 안 된다. 특히 주인공들의 대사는 엄청난 위로가 된다. 그 하나의 대사가 주는 경이로움을 느껴보자.

　좋아하는 배우가 있다면 그에 대해 탐구해보자. '아, 멋진 배우구나.'라는 생각으로 끝내면 허전하다. 출연하는 영화마다 어떤 변화가 있는지 관심을 가지고 살펴본다. 다양한 시각에서 바라보면 그 노력과 의지에 감탄이 저절로 나온다. 그 한 편을 위해 얼마나 많은 시간을 보냈을까. 관찰하고 들여다보며 기록하다 보면 더욱 마음에 새겨진다. 작품이 완성되기까지 많은 이들의 수고와 눈물을 떠올려본다. 그런 생각을 하면 장면들이 예사롭게 보이지 않는다. 자신의 작품을 위해 혼신으로 연기하고 애쓰는 배우들을 통해 다시 한번 인생을 배운다. 한 편의 영화가 주는 위로와 감동은 기록을 통해 더욱 오래간다.

영화 감상 기록을 쓸 때는 꼭 번호를 붙이자. 숫자에는 은근히 끌어올려주는 마력이 있다. 1번이라고 써놓으면 그 다음도 이어나가게 된다. 그렇게 영화마다 번호를 부여하면 나만의 기록에 체계가 잡힌다. 그냥 적는 것과 '이게 몇 번째 영화구나.'라고 인지하는 것은 느낌이 다르기 때문이다. 내가 쓴 영화평이 포인트처럼 차곡차곡 쌓일 때의 뿌듯함을 느껴보자. 그 기록들 덕분에 영화를 보는 재미가 더해진다.

영화 노트를 쓰면서 의식의 변화를 느낄 수 있다. 내 마음과 생각이 어디까지 닿았는지 아는 것은 온전히 기록을 통해서만 가능하다. 기록하면서 어떤 부분이 자신의 정서를 건드리고 마음을 움직이게 하는지를 살펴볼 수 있다. 때로는 한 편의 영화에서 내 경험과 지식이 어떻게 연결되는

지가 중요하다. 세심하게 살펴보는 과정에서 나만의 관점이 만들어지고 글감이 되기 때문이다. 이렇게 영화 노트를 쓰면 그저 좋았던 한 영화가 아니라 나만의 의미 있는 작품으로 남게 된다.

최근에 본 영화중 감동적이거나 기억에 남는 영화를 떠올려 보자. 감동은 기록으로 남겨야 한다. 기록하지 않으면 기억이 희미해져서 어떤 영화였는지 생각조차 안 난다. 짧게라도 영화에 대한 감상평을 남겨보자.

영화 제목 :

....

주연 배우 :

....

기억에 남는 장면 :

....

느낌 한 줄 :

....

....

....

영화 제목 :

주연 배우 :

기억에 남는 장면 :

느낌 한 줄 :

체력을 다지려면 운동일기를 쓰자

*

우리가 늙어서 운동을 그만두게 되는 것이 아니다.
우리가 운동을 그만두기 때문에 늙는 것이다.

– 케네스 쿠퍼(Kenneth H.Cooper)

인생을 가치 있게 보내려면 무엇이 필요할까. 돈, 사랑, 건강, 행복 모두 삶에서 중요하다. 사람마다 가치는 다르지만 그중에 무엇보다 중요한 건 건강이다.

일상을 잘 살아내려면 건강부터 챙겨야 한다. 나이가 들수록 건강의 중요성을 더욱 실감한다. 건강하지 않고 체력이 안 따라주면 그 어떤 것도 할 수가 없다. 그러니 아무리 바빠도 운동은 필수다.

운동하기 좋은 때란 없다. 무언가를 하기에 가장 좋은 시간은 바로 지금이다. 이제부터라도 조금씩 몸을 관리해나가야 한다. 그래야 오랫동안 건강하게 원하는 것들을 해나갈 수가 있다. 누구나 자신의 상황에서 약간의 어려움은 다 있다. 스트레스를 안 받고 살 수는 없다. 하지만 그런 상황을 받아들이고 견딜 수는 있다. 그걸 가능하게 하는 것도 바로 운동이다. 운동을 해야 스트레스를 감당할 수 있는 힘도 길러진다. 나중으로 미루면 시간만 간다. 다음이라는 단어만 떠올리지 말고 지금 바로 운동화를 신는 게 좋다.

운동을 하기로 결심했다면 의욕만으로는 부족하다. 열심히 하겠다고 다짐해도 대부분 실패한다. 사람의 의지에는 한계가 있기 때문이다. 운동을 한다 해서 당장에 달라지지 않는다. 운동은 오래 해야 효과가 나타난다. 어떻게 하면 꾸준히 오래할 수 있을까. 그 비결은 바로 기록에 있다. 기록을 하지 않으면 중간에 하다가 그만둘 가능성이 높다. 기록은 나를 알고 끝까지 갈 수 있도록 이끌어준다.

어떤 운동이든 간에 목표가 있을 것이다. 언제까지 무엇을 어떻게 해나갈지 구상하고 다짐하는 것들이 있다. 목표를 인식하는 것과 적으면서 보는 것은 분명 다르다. 종이에 써야 자꾸 하게 된다. "측정할 수 없으면 관리할 수 없고, 관리할 수 없으면 개선할 수 없다." 경영학자 피터 드러커의 이 말처럼 개선을 위해서는 측정되어야 한다. 그리고 측정하면 반드시 기록해야 한다. 운동선수들이 매일 하는 운동량과 시간을 기록하는 것, 다이어트를 하는 사람들이 식단을 관리하는 것처럼 쓰면서 확인할 필요가 있다.

변화를 만들어내려면 비교 대상이 있어야 한다. 자신이 어디쯤 왔는지 상태를 파악하는 일은 대단히 중요하다. 운동 일기를 쓰면서 내가 성장해나가는 모습을 보게 된다. 기록하면 그것을 확실히 알 수 있다. 쓰지 않으면 발전도 없다. 오늘 얼만큼 했는지 기록하지 않으면 알 길이 없다. 그냥 하는 것과 쓰면서 하는 것은 차원이 다르다. 그러니 반드시 기록을 해야 한다.

매일 걷기를 하는 나는 장소와 걸음 수를 반드시 적어둔다. 이런 간단한 정보는 다이어리에 적어두는 편이다. 어디를 얼마나 걸었는지 기록하는 일은 큰 의미가 있다. 이 기록은 걷기에 있어 중요한 자료가 된다. 걷기의 루틴이 되며 어디를 걸을지 코스를 정할 때 편하다. 내가 주로 걷는 길과 운동량을 볼 수 있다.

운동 패턴이 보이면 내 운동 성향도 파악이 된다. 주로 언제 걷는지, 어떤 곳에서 시간을 보내는지 보인다. 그것을 바탕으로 또 다른 코스도 만들 수 있다. 한 달이 지나고 일 년이 쌓이면 얼마나 달라져 있겠는가. 이렇게 운동 일기를 쓰면 앞으로 어떻게 운동을 해나갈지 방향을 정하고 참고하기에도 좋다.

　운동 일기에는 그날의 감정과 생각들을 담는다. 그래서 주로 블로그에 쓴다. 걷다 보면 놓치고 싶지 않은 장면들이 눈에 들어온다. 같은 장소에서도 매번 같지가 않다. 그렇게 감탄하며 찍은 사진들을 폰에 두기만 하면 아쉽다.

　내 생각을 글로 표현해서 하나의 일기로 남겨둔다. 매일 블로그에 쓰다 보니 어느새 게시물이 2,000개가 넘었다. 그렇게 글과 함께 걸어왔던 흔적들이 그대로 남는다.

　이것은 단순한 숫자가 아니다. 그 안에는 소중한 의미와 가치가 담겨 있다. '이렇게 많은 시간동안 운동을 하다니.' 끈기와 더불어 성장하며 변화된 과정들을 볼 수 있다. 누적된 시간들을 보면 자연스레 동기부여가 된다. '이만큼 해왔는데.' 하는 생각에서 멈출 수가 없다. 운동을 하면서 스스로 다짐하다 보면 마음 속에 새겨두었던 말들이 자꾸 용기를 준다. 그것 때문에 한 발짝 앞으로 나아갈 수 있다. 모두 기록을 했기에 가능한 것이다. 운동 일기의 효과는 써야만 알 수 있다.

　운동 일기를 쓸 때는 반드시 날짜나 번호를 쓴다. '언제까지 몇 번'이라는 목표가 정해지면 '며칠 차'라고 번호를 부여하는 게 좋다. 그러면 중간에 멈추더라도 그 번호에 이어 쓰다 보면 다시 시작할 수 있다. 운동을 방해하는 상황은 언제나 있다.

그런 날에는 간단하게 무슨 이유로 못 했는지 한 줄이라도 적는다. 그렇게라도 적어두면 또 마음을 다잡고 하게 된다. 중요한 건 계속해나가는 것이다. 그래야 그 순간에 어떻게 대처할지가 보인다. 나중에라도 같은 상황을 만났을 때 요령도 생긴다. 쓰지 않으면 아무 의미 없이 지나간 날이 된다.

매일 걷는다 해도 피곤하고 힘든 순간은 있다. 그때마다 쓰면서 운동에 대해 다시 생각해보게 된다. 걷기 운동에 적응이 되었을 때 이렇게 쓰기도 했다.

'나는 평생 걷는 삶을 살 것이다. 걷기를 생활화하고 하루에 최소 30분 이상은 무조건 걷는다. 걷는 것이 답이다. 힘들 때나 우울할 때, 답답할 때 모든 해결책이 걷기에 있음을 상기하자.' 그렇게 적으면서 마음을 다잡으려고 노력했다.

처음 운동할 때는 다양한 시행착오를 겪는다. 하지만 그런 상황을 매일 체크하고 기록하면 어느 정도 패턴이 생긴다. 그 과정에서 자신에 대해 좀 더 알 수 있다. 운동할 때의 상태, 느낌과 떠오르는 생각들을 기록하는 동안에 삶의 질서가 만들어진다. 언제 어떻게 내 감정이 반응하는지를 안다면 일상이 좀 다채롭지 않을까. 그런 의미에서 운동 일기를 쓰는 건 꼭 필요한 일이다.

오늘 얼마나 움직였는가. 운동한 장소와 시간, 걸음 수를 기록해보자.

운동 장소 :

....

운동 시간 :

....

운동량 :

....

....

....

....

....

나는 무슨 운동을 좋아하는가? 재미있게 했던 운동, 하고 싶은 운동을 적어보자.

노트 한 권으로 많은 빚을 갚고

부지런히 사는 사람들이 많다. 주변을 둘러보면 쉽게 눈에 띈다. 이른 아침부터 분주하게 집을 나서서 온종일 움직이며 노력하는 사람들. 조금 더 나은 내일을 위해 '오늘도 열심히'를 외치며 주어진 일에 최선을 다한다.

게다가 각종 정보를 모으며 재테크까지 바쁘다. 그렇게 알뜰하게 살아도 빚을 갚기란 참 힘겨운 세상이다. 딱히 과도한 지출을 하지 않아도 살림이 좀처럼 나아지지 않는다. 그 이유가 뭘까. 때론 가계의 책임이 도대체 누구한테 있나 싶다.

아끼고 노력하면 될 줄 알았다. 하지만 노력으로는 감당이 안 되는 일이 갈수록 많아졌다. 뜻하지 않게 집안에 5천만 원의 은행 빚이 생겼다. 매달 나가는 이자까지 결코 만만치가 않았다. 말일이 되면 엄청난 부담으로 다가왔다. 걱정을 한다고 달라질 건 없는데도 언제 이걸 다 갚나 밤잠을 설쳤다. 별다른 방법도 없고 어떤 걸 시도하기도 두려웠다. 빚에도 어리석은 빚과 똑똑한 빚이 있다고 하는데 이건 분명 전자였다. 무엇보다 이걸 해결하는 게 시급했다.

'그래, 우선 빚부터 갚자.'

가계부를 꺼내 시나리오를 썼다. 막상 적으려니 처음에는 막막했다. 그래도 일단 생각나는 대로 적어 나갔다. 쓰다 보니 구체적인 상황들이 눈에 들어왔다. 우선 경제적 목표는 '5년 안에 대출금을 다 갚는 것'이었다. 그 안에 끝내려면 연간 천만 원은 저축을 해야 했다. 월급으로는 한계가 있는데 어떻게 이룰 것인가. 얼마를 모아 언제까지 빚을 다 갚을지 스스로 질문하면서 답을 찾아 나갔다.

목표가 생기니 전보다 더 열심히 가계부를 썼다. 학교 다닐 때도 이만큼 치열하게 노트를 쓰지 않았다. 그때보다 더 꼼꼼하게 기록했다. 간절했기 때문에 쓸 수밖에 없었다. 노트를 펴서 빼곡하게 채워진 글씨를 보면 흐뭇했다. 2017년부터 시작한 빚 갚기 프로젝트는 2021년 3월에 끝났다. 5년 안에 갚을 계획이었는데 4년 만에 달성했다. 목표에 집중하다 보니 1년이나 앞당겨졌다. 생각보다 빨리 해낸 결과에 스스로가 놀라웠다. 그것도 아이들과 매년 두 번씩 여행을 다니면서 이루어낸 성과라서 더욱 감격스러웠다.

주변에서 다들 궁금해했다. 어떻게 그 많은 돈을 단시간에 갚았는지. 코로나에 일을 못한 기간도 많은데 어떻게 가능했을까. 생활이 유지되는 게 신기하다면서 그 비결을 자주 물었다. 주식이나 부동산에 대한 지식이 있어서 수익을 낸 것도 아니었다. 경제나 재테크 전반에 관한 지식도 그런 재주도 없다. 정말 우직하게 그냥 모았다.

이전부터 해오던 절약모드였다. 그렇다고 해서 아등바등 산 것도 아니었다. 주말에 근처 나들이도 자주 다녔다. 한번 외출하면 경비도 많이 든다. 돈을 쓰는 건 쉽지만 모으기는 정말 어렵다. 그럼에도 단시간에 할 수 있었던 비결은 바로 '쓰기'에 있다. 가계부를 쓰면서 관리했기에 가능했다.

육아와 집안일에 지쳐도 밤이 되면 가계부를 펼쳤다. 너무 피곤한 날에는 짧은 메모라도 하려고 노력했다. 뚜렷한 달성 목표, 철저한 계획을 적었다. 거기에 다짐과 각오를 쓰면서 내 상태를 늘 파악했다. 그런 시간들을 통해 원하는 목표에 빨리 다가갈 수 있었다. 특별한 비결이 있는 건 아니다. 원하는 걸 성취하는 사람들을 보면 더 그렇다. 그들은 기본에 충실하면서 무엇을 해야 할지를 알고 묵묵히 해나간다. 하지만 대부분은 알면서도 실천하지 않는다.

"장기적 목표를 세워라. 그리고 자신이 생각하고 말하고 행동하는 모든 것이 목표 달성에 도움이 되는지 스스로에게 물어라.

푼돈을 소중하게 여겨라. 절대로 '그런 푼돈으로 어림도 없어.'라고 말하지 말아라. 한푼 한푼이 아쉽다.

지출을 모두 기록해라. 조금 짜증스러운 일이란 걸 안다. 그러나 그만한 가치가 있다고 장담한다. 예산안을 만들어 보자.

지출액과 수입액을 정해라. 매달 지출하는 최고액과 매달 벌어들이는 최소액을 정해 놓아라."

– 보도 섀퍼, 『보도 섀퍼의 돈』

책에서도 목표를 정하고 지출과 수입을 적으라고 했다. 그래서 한 달을 시작하기 전에는 반드시 예산을 짰다. 예산을 세우지 않으면 지출이 끝이 없다. 청구서를 통해 내가 얼마나 썼는지를 보는 게 전부다. 학생들이 성적표를 받아들고 한숨짓듯이 그렇게 매달을 살 수는 없었다. 자신이 가진 돈으로 한 달을 어떻게 꾸려나갈지 전략을 짜는 일은 꼭 필요하다.

간단하게라도 전략을 세우면 어떻게 살아야 할지 방향을 잡을 수 있다. 예산을 세우면 나중에 결산할 때도 편하다. 그렇게 철저하게 예산에 따라 생활했다. 그 자료를 바탕으로 한 달, 6개월 단위로 다시 점검했다. 목표를 향해 잘 가고 있는지 확인하고 필요한 게 있으면 계획을 다시 수정해나갔다.

매월 말일이 되면 결산을 했다. 예산에서 얼마나 달성했는지를 확인하고 한 달을 정리한다. 손으로 쓴 가계부를 검토하며 엑셀에 숫자들을 채워나갔다. 계산하기도 편하고 깔끔하게 정리가 된다. 이런 과정을 통해 한 달의 수입과 지출을 한 번 더 파악하게 된다. 그 수작업을 해나가는 시간이 다소 귀찮을 수도 있다. 가정 경제를 잘 꾸리기 위해 필요한 작업이라 생각하고 했다. 얼마 되지 않는 월급으로 생활하려면 그게 최선이었다.

통장마다 이름을 붙여서 관리하는 일명 '통장 쪼개기'도 했다. 요즘은 종이로 된 통장은 거의 쓰지 않는다. 온라인 뱅킹을 통해 계좌를 관리한다. 각 계좌마다 어떤 용도로 쓸 건지 특색에 맞게 이름을 정했다. 그에 맞게 나누어서 입금을 해두면 된다. 이렇게 관리하면 지출의 흐름을 쉽게 파악할 수 있다. 나중에 정리하기도 쉽다. 기본 공과금을 내고 나면 우선 저축부터 했다. 그리고 남은 돈으로 한달 동안 생활했다. 저축을 먼저 하고 생활비를 잘 통제하는 게 중요하다.

이동할 때 차를 이용하면 그에 따르는 변수가 많다. 그래서 대부분 대중교통을 이용했고 목표를 위해 지출을 어떻게든 통제했다. 긴급한 일이 생기면 어떻게 할지에 대한 플랜도 만들었다. 지켜야 할 사항들을 가계부에 적으며 실천해나갔다.

장을 볼때도 그냥 사지 않았다. 구매할 물품이 생기면 메모부터 한다. 주로 휴대폰 메모장에 적어두고 3개 이상 쌓이면 구입했다. 급한 것과 그렇지 않은 것을 구분해둔다. 무엇을 살지 언제 구매할지 기록해두는 게 좋다.

구매 목록이 있으면 충동구매를 덜 하게 된다. 대형 마트는 특별한 일이 있을 때만 가고 가급적 재래시장을 이용했다. 조금만 발품을 팔면 신선한 제철 과일과 채소를 저렴하게 살 수 있었다. 고정적으로 자주 찾는 마트를 설정해 두는 게 좋다. 그러면 평소 세일 정보를 톡으로 받아보고 포인트를 쌓기에도 유리하다.

자기 전에는 잠시 틈을 내어 하루 지출을 적었다. 평소 자기 전에 조금이라도 적어두는 게 좋다. 5분도 안 걸리니 금방 할 수 있다. 그럴 여유도 없으면 다음날 아침에라도 썼다. 한꺼번에 계산을 하려면 귀찮기도 하고 한계가 있다. 조금씩 자주 확인해야 한다. 그래야 전체적인 상황과 흐름을 인지하고 관리할 수 있다.

그렇게 하다 보니 어느새 목표가 이루어졌다. 아무것도 없는 환경에서 빚을 다 갚았다. 단시간에 빚을 갚을 수 있도록 이끌어 준건 바로 목표를 설정하고 기록한 덕분이다. 더 빨리 가는 방법과 정보는 넘쳐난다. 그렇기에 누군가에게는 미련하게 보일지도 모른다. 하지만 느리더라도 나만의 방법이 낫다. 계속 반복하면서 나만의 수칙을 만들었다. 결국 자신이 세운 계획과 방법이 아니면 계속하기 어렵다. 시행착오를 통해 나에게 맞는 방법을 찾아야 한다. 그러기 위해서는 반드시 써야 한다. 쓰지 않으면 알 길이 없다.

부족함이 삶의 원동력이었구나

＊

얼굴을 들어 태양을 보라.
그리하면 그림자는 뒤로 물러날 것이다.

– 지그 지글러

운동화를 신고 밖으로 나가니 활기가 생겼다. 일정한 시간만 되면 자연스럽게 걷는 걸 보면서 누가 봐도 '저 사람은 걷는 사람이구나.' 알 수 있을 정도가 됐다. 경비 아저씨는 그런 나를 알아보고 먼저 인사를 건넬 때가 많다. '이렇게 이른 시간에 또 어딘가를 걷고 오는구나.' 하는 눈치다.

사람을 얼굴만으로 온전히 알 수는 없다. 겉으로 보이는 건 아주 일부에 불과하다. 더구나 오래 알고 지내도 정작 사람을 다 파악하기는 어렵다. 스스로도 잘 모르지 않는가. 나와 타인을 어떻게 알 수 있을까. '매일 우리가 행동하는 모든 습관이 우리의 일상을 결정한다.' 이 말처럼 습관을 보면 그 사람이 어떤지 대충 파악이 된다. 우리의 일상은 습관으로 만들어지기 때문이다.

길 위에 있는 그 순간들이 좋아서 계속 걷다 보니 어느새 습관이 되었다. 걸으면서 나에 대해 생각할 시간도 많아졌다. 돌아 보니 내가 가진 습관 중에는 오래된 것이 많다. 1~2년은 아주 짧은 편에 속한다. 10년이 다 되어 가는 습관들이 대부분이다. 그중 가장 오래된 습관이 바로 가계부 쓰기다. 가계부를 쓴 지 25년이 넘었다. 사람들은 그 말을 들으면 놀라곤 한다. "가계부를 그렇게 오래 쓰는 비결이 뭐야." "가계부 장인이네." 하는 반응을 보인다.

다들 가계부를 써야지 결심은 해도 잠시뿐이다. 한두 번, 몇 해 정도는 쓸 수 있다. 하지만 대부분 몇 번 쓰다가 그만둔다. 계속 하기가 어렵다. 아무리 단단하게 결심해도 마음먹은 대로 잘 안 된다. 내 몸에 익숙해지지 않으면 한 가지를 오래 한다는 것은 쉬운 일이 아니다. 더구나 가계부 쓰기는 웬만한 끈기를 가지고는 지속하기가 어렵다.

이토록 오래 쓰게 된 동기가 뭘까. 돌아보니 누가 시킨 것도 아닌데 자연스럽게 쓰면서 혼자 용돈을 관리해왔다. 정확한 기억은 안 나지만 초등학교 때였던 것 같다. 딱히 정해둔 형식 같은 건 없었다. 그저 용돈이 생기면 공책에 적어두는 게 전부였다. 용돈의 흐름을 조금이라도 적어두는 게 좋았다. 내가 가진 용돈이 얼마라는 걸 알고 있어야 마음이 편했다.

명절이나 평소 지인들에게서 받는 용돈은 소소한 즐거움이었다. 먹고 싶은 것도 많은데 쓰지 않고 그걸 모았다가 나중에 쓰는 재미가 있었다. 목표가 생기면 모으는 데 집중했다. 역시나 돈은 쉽게 모이지 않았다. 얼마 정도를 모으려면 상당한 인내심이 필요했다.

더 많은 돈을 모아서 즐겁게 쓰는 상상을 했다. 그래서 용돈을 받으면 일단 적었다. 꾹꾹 눌러 쓰다 보면 모으고 싶어졌다. 금액이 얼마가 되든 간에 지출하는 것보다 모으는 게 더 좋았다. 당장에 쓰면 주머니에서 사라지지만 가지고 있으면 그대로니까. 차곡차곡 쌓여 많아지는걸 보면 흐뭇했다. 쓰는 것보다 모으는 재미를 그때 알았다.

집에서 용돈을 안 주셔도, 참고서 살 돈이 모자라도 괜찮았다. 따로 모아둔 돈이 있으니 마음이 그렇게 든든할 수가 없었다. 용돈 기입장의 잔고를 보면 안도감이 들었다. 주도적으로 관리한다는 생각으로도 기분이 좋았다. 그래서인지 언제나 마음에 여유가 있었다. 쓰면서 생각이 달라지고 행동까지 바뀌었다. 자연스럽게 절약하는 습관이 생겼다.

고등학교는 집에서 30분 이상 걸렸는데 버스를 두 번 타며 통학했다. 그런데 그 버스비도 어느 순간에는 아깝게 느껴졌다. 공부를 하니 따로 운동할 시간이 없었다. 그래서 건강과 절약을 위해 한번은 걷거나 자전거를 타며 차비를 조금씩 아꼈다. 참고서는 너덜해질 때까지 보거나 복사를 해서 공부했다. 딱히 관심을 두는 취미도 갈 곳도 없었다. 학교와 집으로 이동 거리가 한정되었다.

그러니 다른 지출이 거의 없었다. 참고서나 문제집 살 돈, 차비를 아끼고 평소에 받은 용돈과 명절에 친척들이 준 용돈까지 쓰지 않고 고스란히 모았다. 그렇게 해서 고등학교 내내 모은 돈이 100만 원이 됐다. 손에 쥐어진 돈을 보며 '티끌 모아 태산'이라는 말이 실감났다. 지금도 그렇지만 고등학생에게 결코 적은 돈이 아니다.

집에서는 형편상 대학보다 취직하기를 원하셨다. 하지만 그건 내가 원하는 길이 아니었다. 학창 시절 잠을 줄여가며 공부한 노력이 아깝다는 생각이 들었다. 반드시 대학에 진학해야겠다는 오기가 생겼다. 그런 간절함 때문이었을까. 알뜰하게 모아둔 100만 원으로 등록금이 해결되었다. 장학금을 받으니 내고도 남았다. 살면서 처음 이룬 성취감이었다. 만약 그런 여유가 없었다면 과연 어떤 선택을 했을까. 용돈 기입장을 쓰면서 관리하지 않았다면 결과는 달랐을지도 모른다. 어떤 중요한 순간에 선뜻 용기조차 나지 않았을 것이다.

대학 생활은 아르바이트의 연속이었다. 타지에서 공부하고 생활하려니 돈이 많이 들어갔다. 자취를 하기 위한 방세와 약간의 용돈만 지원받을 뿐이었다. 틈나는 대로 아르바이트를 할 수밖에 없었다. 수업을 마치면 학교 안과 밖으로 다니며 용돈을 마련했다. 수입이 생길 때마다 간단하게라도 적으며 관리했다.

이때부터 은행에서 주는 온갖 종류의 가계부들을 써봤다. 은행 가계부들은 구성이 편하게 잘 되어 있었고 생활의 팁들도 많았다. 텅 빈 공간을 채워가는 재미를 느꼈다. 해마다 다양한 가계부들이 점차 쌓여갔다.

그렇게 가계부 쓰는 게 습관이 되었다. 이 모든 걸 할 수 있었던 동기가 뭘까. 그것은 바로 결핍 덕분이다. 생활이 풍족했다면 어땠을까. 수많은 일에 용기 내어 도전하고 그렇게까지 노력하지는 않았을 것이다.

요즘은 여러 면에서 너무나 풍족하다. 그러니 부족함을 느낄 겨를이 없다. 더 이상 결핍을 모른다. 과연 풍족한 게 좋기만 할까. 누군가 다 채워주고 해결해주는 게 꼭 장점만 있는 것 같지는 않다. 다 갖추어진 상황에서 스스로는 어떤 노력을 할 수 있을지. 물론 다 가지고 있으면 방법이 다를지도 모른다. 목표를 더 쉽게 달성할 수는 있을 것이다. 그러나 간절함의 농도는 다르다. 결핍이 있기에 채우려는 욕구도 생긴다. 애써 노력이라는 걸 하게 된다.

무엇보다 부족함이 많았기에 이루고 싶은 것들도 그만큼 많았다. 어떤 걸 이루려는 간절함은 바로 부족함을 느끼고 자각하는 데서 온다. 자각하고 행동으로 바꾸어야지 부족함을 절대 콤플렉스로 끝내서는 안 된다. 나의 부족함을 알고 나아지기 위해 한 걸음씩 나아가야 한다.

미국의 교육학자 존 A. 세드는 "항구에 있는 배는 안전하다. 하지만 배는 항구에 묶어 두려고 만든 것이 아니다."라고 했다. 환경에 맞추면 어떤 것도 시작할 수가 없다. 내 꿈을 따라 환경을 만들어가야 한다. 주어진 상황을 한탄하지 말고 새로운 에너지로 바꾸려고 애쓰자. 하나씩 채워나가는 과정에서 얻는 것들이 있다. 그렇게 노력한 시간들은 어떤 것으로든 그대로 돌아온다.

오스트리아의 정신의학자 아들러는 "내가 어떤 의미를 부여하느냐에 따라 내 인생의 의미가 달라지고, 내가 속한 사회의 의미가 달라진다."고 했다. 결국 주어진 상황은 그대로인데 그것을 바라보는 내 시선에 달려 있다. 인생은 마음먹기 나름이다. 내 마음가짐에 따라 상황이 달라질 수 있다. 부족한 상황을 내가 좀 더 나은 사람으로 바뀔 수 있는 기회로 생각하자. 반대로 생각하면 고통이 될 수 있지만 긍정적으로 받아들이면 다르다. 그 순간이 오히려 터닝포인트가 될 수도 있다. 삶의 에너지는 그런 긍정에서 나온다. 그렇게 살다 보면 무한한 가능성으로 연결될 수도 있다. 그런 의미에서 부족함은 인생을 거듭나게 하는 원동력이 아닐까 싶다.

가계부를 쓰는 이유가 분명해졌다

＊

내 힘에 부치고 내 능력에 넘치는 일이 주어지는 까닭은
내가 업그레이드가 될 때가 되었다는 사인입니다.
피하고 도망가면 제자리걸음입니다.

— 에센 바흐

누구나 꿈꾸는 경제적 자유. 그 자유만 찾으면 뭐든 다 할 수 있을 것 같
다. 그런데 정작 다 가졌을 때 해야만 좋은가. 생활 속에서 때때로 누릴 수
있는 자유가 좋을 때도 있다. 그리고 꼭 경제적 여유가 있어야 원하는 걸
다 이룰 수 있는 건 아니다. 마음이 있으면 얼마든지 방법은 찾을 수 있다.

지인들은 가끔 내게 묻는다.
"어쩜 그렇게 여행을 자주 가세요?"

종종 이런 질문을 받기도 한다.

"애들 데리고 여행 한번 가기 쉽지 않은데 비결이 뭔가요?"

"한달살이를 하려면 돈이 많이 들지 않나요?"

내 상황을 모르는 사람들은 여유가 많아서 여행을 다니는 줄 안다. 그러나 평소 습관이나 일상을 들여다보면 그런 말이 안 나온다. 여행을 위해 치열하게 준비하기 때문이다.

일상을 여행처럼 살고 싶었다. '나중에 여건이 되면 가야지.'가 아닌 일상을 충분히 누리고 싶었다. 평소 열심히 살아온 보상을 먼 미래가 아닌 지금 여기서 하겠다는 마음이 간절했다. '어떻게 하면 여행을 갈 수 있을까.' 그런 생각을 하는 순간 모든 관심사가 여행에 집중된다. 그러면 경비를 어떻게 모을까 먼저 고민하게 된다. 경비를 마련하기 위해 할 수 있는 게 별로 없었다. 한정된 월급 안에서 답을 찾아야 했다. 오로지 절약모드로 생활하는 것! 그것밖에 안 보였다.

돈을 버는 것도 중요하다. 하지만 그것보다 더 의미 있는 것은 어떻게 가치 있게 쓰는가다. 어디로 갈지 정해지면 그때부터 돈 모으기를 시작한다. 일명 돈 모으기 프로젝트! 언제까지 기간이 있고 얼마를 모은다는 목표가 분명해진다.

그러면 왠지 미션을 달성해야겠다는 의지가 생긴다. 세부 기간을 정하고 바로 프로젝트에 들어갔다. 정보를 모으면서 먼저 예산을 파악했다. '이번 여행에서는 얼마 정도 들겠구나.' 계산을 하고 계획을 철저하게 세운 다음 거기에 맞추어 생활했다. 평소 조금씩 습관을 들이면 어느 정도 수월하게 달성할 수 있다. 여행을 위한 특별한 이벤트라 생각하면 마음이 한결 낫다.

프로젝트를 이루기 위해 가계부를 썼다. 요즘은 예쁘고 실속 있는 가계부들이 넘쳐난다. 가계부가 없어서 못 쓰는 게 아니다. 좋은 앱들도 많아서 관리하기가 편해졌다. 무엇이든 자신에게 맞는 걸 찾아서 계속 써나가면 된다.

평이 좋아 서점에서 구매해 쓴 가계부는 오래 쓰지 못했다. 각자마다 사정이 다르고 쓰는 스타일도 있는데 그 안에 맞추려니 번거로웠다. 처음에는 따라 해도 나중에는 잘 안 쓰게 된다. 남들이 정해놓은 일정한 형식에 맞추어 쓰는 건 다소 불편하다. 습관이 되지 않으면 그 불편함을 이겨내기가 힘들다. 남이 만들어 놓은 틀에 맞추다보니 오래 쓰지 못했다. 새로 산 가계부는 결국 버려졌다.

이것저것 사용해봤지만 역시 기본에 충실한 게 좋았다. 많은 것을 담은 가계부보다 관리하기 편하고 실속 있는 걸 선택한다. 매번 바뀌는 가계부도 익숙해지려면 시간이 걸린다. 그래서 예전에 흔히 쓰던 투박한 금전 출납부를 사용해 오랫동안 쓰고 있다. 이제는 줄을 그어서 표도 만들고 필요하면 종이와 포스트잇을 곳곳에 붙여가며 쓴다. 오른쪽 위에 색인을 붙이고 꾹꾹 눌러가며 쓰는 일이 즐겁다. 계속 쓰다 보면 자신만의 방법이 보인다. 나만의 스타일로 써야 즐겁고 오래간다.

방법을 모를 때는 그저 하루의 지출만 썼다. 그러면서 나름대로 열심히 쓰고 있다고 생각했다. 그런데 특별히 달라지는 게 없었다. 요령을 모른 채 그저 기록하기에 바빴다. 하지만 이제는 안다. 숫자만 쓴 가계부는 단지 통계 자료에 불과하다는 것을. 하루 이틀 쓰다 말고 단순히 수입과 지출을 쓰는 건 의미가 없다.

가계부의 핵심은 무엇보다 꾸준함에 있다. 꾸준히 쓰면서 생활의 변화를 만들어내야 한다. 그렇지 않으면 쓰는 의미가 없다. 지출에 대한 반성이나 앞으로의 계획, 목표와 다짐을 꼭 쓰도록 하자. 그렇게 쓰는 과정에서 변화와 성장이 일어난다.

가계부를 보면 생활의 전반적인 모습이 다 드러난다. 어디를 자주 가는지, 무엇에 관심을 두고 주로 사게 되는지가 보인다. 그 기록을 통해 삶의 패턴과 욕망의 크기도 알 수 있다. 관심을 가지고 보면 모든 게 다 들어 있다. 그런 면에서 가계부는 단순한 기록이 아니다. 과거와 현재, 그리고 미래를 이어주는 통로가 되어준다. 지금 자신이 어떻게 살고 있는지, 삶의 모습이 그 속에 다 들어 있기 때문이다.

가계부를 쓰면 자신과 대화하는 시간이 많아진다. '내가 정말 원하는 게 무엇인가.' 진정 바라는 것에 대해 계속 생각하게 된다. 그 과정에서 불필요한 것을 줄일 수 있다. 쓸데없는 것에 관심을 끄고 어떤 것에 집중해야 할지가 보인다. 그러면 여행을 위해 준비하며 보내는 시간들이 즐거움으로 바뀐다.

일상에 지친 사람들은 늘 어딘가 떠나고 싶어 한다. 하지만 상상 속에서만 머물 뿐이다. 늘 시간이 있을 땐 돈이 없고 돈이 생기면 시간이 없다. 머릿속으로는 하고 싶은 게 많은데 현실은 불가능하다고 푸념을 한다. 그렇게 지내다 보면 늘 하는 말이 똑같다. '여행을 가본 지가 언제인지. 나도 홀가분하게 여행 가고 싶어.' 그 말을 몇 년째 되풀이하고 산다. 생각도 행동도 늘 제자리에 머물며 변화가 없는 생활을 이어간다. 그러면서 할 수 없는 이유들을 만들어낸다. 그런 상황을 벗어나려면 어떻게 해야 할까. 생각들을 끄집어내어 써보는 게 우선이다. 그래야 자신이 마주한 문제들을 좀 더 명확하게 볼 수 있다.

대단한 요령이 없어도 된다. 시간이 많이 걸리지도 않는다. 간절함이 있으면 쓸 수 있다. 경제적으로 달성하고 싶은 목표나 가고 싶은 여행지가 있다면 생각만하지 말고 써보자. 차근차근 이루어나갈 계획을 세우고 실천할 것들을 떠올려보자. 그렇게 여행을 위해 가계부를 쓰다 보면 생활 태도가 바뀐다. 대단한 일이 아닌 작은 가계부에서 변화가 생긴다. 어느새 삶의 내공도 만들어진다.

1. 한 달을 살기 위해 얼마 정도 필요한가. 예산을 적어보자.

2. 언제까지 얼마를 모을 것인가. 나만의 경제 목표를 설정해보자.

3. 경제적인 자유를 이루면 무엇을 하고 싶은가.

3장

삶이
걷기 여행으로
채워지고

올레길 걷기, 지금이 아니면 언제 할까

걸어보고 싶은 자신만의 길이 있다는 건 멋진 일이다. 20대 후반 국토 종단을 마치고 버킷리스트를 수정했다. 이제 우리나라를 두 발로 걸었으니 다른 나라를 걸어볼까. 그때 눈에 들어온 곳이 스페인 산티아고였다. 그 거리도 국토 종단할 때와 같은 800km라니! 다음에 꼭 여길 한번 걸어보자 마음먹었다.

지금은 TV와 책을 비롯 다양한 매체에서 소개되어 많은 사람들이 알고 있다. 하지만 예전에는 산티아고 얘기를 하면 "도대체 거기가 어디예요?"

하는 사람이 더 많았다. 하나씩 설명해줘야 끄덕하는 분위기였다. 자료도 정보도 별로 없어서 볼 때마다 스크랩해두는 게 전부였다. 정말 걷기에 관심 있는 사람들만 아는 그런 곳이었다. 이제는 달라져서 찾기만 하면 정보가 쏟아져 나온다. 그럼에도 도전해서 걸었다는 이야기는 많이 듣질 못했다. 먼 훗날 나이 들어 느긋하게 걷는 상상을 하곤 했다. '언젠가 걸으려면 평소 체력관리를 부지런히 해야겠구나.' 다짐했다.

어느 날 문득 그 길이 떠올랐다. 버킷에 추가한 지도 벌써 20년이 다 되어 간다. 아이들이 조금만 더 있으면 성인이 되는데 그때 갈 생각이었다. 우리나라도 좋은 곳이 얼마나 많은지. 최근 이동이 자유롭지 못한 시간들을 보내며 더욱 실감했다. 좋은 곳은 가까이에도 넘쳐난다. 관심을 두지 않으니 모르고 살 뿐이다.

코로나에 제주로 여행 가는 사람들이 많아졌다. 이제 여행에 대한 방식도 좀 달라져야 하지 않을까. 시간에 쫓기며 관광지를 찍고 오는 틀에 박힌 여행을 벗어나야 한다. 그렇지 않으면 늘 같은 곳에서 감흥 없는 여행만 반복하게 된다. 그저 사진 찍느라 바쁘다. 때로는 추억보다 피로감만 더해질 뿐이다.

그런 생각이 더해질 때쯤 올레길을 걷고 온 사람들이 종종 눈에 띄었다.

책과 뉴스 기사, SNS에서 온통 걷는 올레길 이야기만 보였다. 그전에는 관심도 없던 길인데 왜 자꾸 생각나는지. 올레길은 나와 거리가 먼 이야기였다. 한 달 살기를 비롯해서 다양한 제주 여행을 해왔었다. 그때마다 나름대로 만족스러웠다. 그런데 이제는 색다른 제주, 또 다른 길을 만나고 싶어졌다.

'그래, 올레길을 한번 걸어보자.' 산티아고로 가기 전에 먼저 걸어 보는 것도 좋겠구나 싶었다. 제주를 두 발로 걷는 일, 어쩌면 더 의미 있는 일이 될 것 같았다. 누구랑 갈 것인가. 갑자기 아이들과 함께 걸어봐야겠다는 생각이 들었다. 어느새 훌쩍 커버린 아이들인데 언제 또 시간을 낼 수 있을까. 지금 아니면 왠지 힘들 것 같은 예감이 들었다.

"얘들아, 산은 정복했으니 이제 바다로 가자."
"바다 어디요?"
"제주도로 가려고."
"우와, 그럼 해변에서 물놀이 실컷 하겠네요?"
"아니, 걸으러 가는 거야."
"예? 제주도에서 걷는다구요?"
"여름에 올레길을 걸을 거야. 잘 걸으면 상황 봐서 물놀이도 할 수 있겠지."

"아… 네… 여름에… 걸으러… 제주를!!"

처음엔 좋아서 목소리가 커졌다가 할 말을 잃은 듯 조용해졌다. 그래도 여행을 간다는 것만으로 즐거워하는 아이들이었다. 어떤 길인지, 무슨 일이 있을지는 모르지만 늘 그랬듯 '그냥 따라가보면 알겠지.' 하는 표정이었다.

"'오늘이 나의 마지막 하루라면 나는 무엇을 할 것인가?' 이 질문이 판단을 명료하게 하는 데 도움을 주리라 믿었다. 그래서 죽음을 생각하며 나는, 그 순간 가장 중요한 일을 했다." – 이소연, 『지금 저지르지 않으면 후회할 일들』

마침 여름에 딱 일주일의 휴가가 주어졌다. 이 기간에 기필코 걸어야겠구나 싶었다. 한여름에 걷는 올레길은 상상도 못했다. 봄가을 좋은 계절다 두고 굳이 여름에 걸어야 하나 싶기도 했다. 하지만 이것저것 다 따지면 언제 걸을 것인가.

도대체 모든 게 만족되는 상황이 있을까. 모든 것이 완벽해질 때는 오지 않는다. 생각해보니 늘 상황은 비슷했다. 지금 저질러도 사는데 큰 지장은 없다. 어쩌면 '그때 하길 잘했지.' 하며 흐뭇해할 수도 있다. 이번에도 잘 모르지만 그냥 걸어보고 싶었다. 더 늦기 전에.

앞으로 예측할 수 없는 어떤 일이 벌어질지 아무도 모른다. 최근 몇 년 동안 충분히 경험했지 않은가. 더구나 나이가 들수록 무언가에 도전하는 일이 쉽지가 않다. 마음 먹었을 때가 도전하기 가장 좋은 시간임을 경험으로 안다. 마침 코로나 상황도 이전과는 좀 나아졌기에 더욱 좋은 기회였다. 시간이 지나면 또 어떻게 바뀔지 모를 일이었다. 그래서인지 망설임이 덜해졌다. '이번에 한번 해보자'는 생각이 강해졌다.

평범한 일상이 두근두근 설렘으로 바뀌었다. 마음먹고 한 달 동안 준비에 들어갔다. 특별히 준비할 것도 없었다. 숙소만 먼저 예매하고 걷기에 필요한 준비물만 간단하게 챙겼다. 걸어야 하는 상황이 되면 언제나 준비 모드였다. 그럼에도 떠날 시간이 다가오니 챙길 게 많아졌다.

현지에서 버스로 다니고 싶었지만 일단 짐이 많았다. 기간이 길고 여름이라 여벌 옷이 많이 필요했다. 걷는 것도 힘든데 짐까지 많으면 아이들이 더 안 걸을 것 같았다. 집에서 가까운 여객선 터미널까지 운전해서 차를 배에 실었다. 밤 11시에 출발해 다음날 아침 제주항에 도착하는 일정이었다. 얼마 만에 타 보는 배인지. 신기해서 한참 내부를 둘러봤다. 배가 밤새 울렁거리고 시끄러운 소리에 잠을 설쳤다.

새벽에 갑판으로 나가니 사람들이 환호를 지르고 있었다. 배 위에서 마주하는 일출이라니. 넓은 지평선 위로 힘차게 떠오르는 해가 장관이었다. 왠지 기분이 좋았다. 마음도 한결 가벼워져 기대감으로 부풀어 올랐다. 사실 어떤 정보도 많지 않으니 그저 '먹고 걷는 일에만 충실하자'는 생각이었다. 때로는 무모한 시작이 많은 것을 안겨주기도 하기에 그저 나아갈 뿐이다.

엄마, 이 힘든 걸 꼭 해야 하나요

*

가장 중요한 것은 지금이다. 왜냐하면 누구나 현재에서만 행동할 수 있기 때문이다.
그러나 현재에 몰두하지 않는 자는 미래도 놓치게 된다.
가장 중요한 일은 지금 우리 앞에 있는 것과 맞서 싸우는 것이다.

– 베르나르 베르베르

"오늘은 몇 코스 걸으세요?"

올레 관광안내소 입구에서 안내하시는 분이 물었다.

"00코스요." 가볍게 대답하고 나니

"오늘 그쪽으로 괜찮겠어요?" 놀란 눈으로 다시 물어보셨다.

"아... 네..."

"오늘같이 더운 날 그쪽은 너무 힘드실 텐데요..."

길이 공사중이거나 특별히 문제가 있는 줄 알았다. 그런데 날씨가 너무 더워서 걱정하시는 게 아닌가. 코스에 대한 특별한 정보가 없고 상황을 몰랐다. 숙소에서 가깝다는 이유로 선택한 길이었다. 계곡이 있어 시원하고 산길이라 좀 나을 것 같아 선택한 코스! 출발할 때만 해도 이게 얼마나 힘든 길인지 알지 못했다.

굽어진 산 중턱 둘레길을 걷는데 덩치 큰 소 세 마리가 눈에 들어왔다. 느릿느릿 풀을 뜯고 있는 모습에 아이들 눈이 다시 커졌다. 소를 뚫어져라 쳐다보는 순간 갑자기 코에 이상한 신호가 왔다. 갑자기 아이들이 소리를 질렀다. "엄마~ 저거요. 조심하세요!!" 발 옆을 보니 축구공만한 소의 배변 덩어리들이 흩어져 있었다. 사이즈가 어마무시했다. 이런 더운 열기 속에 얼마나 있었던 걸까. 비염이라 냄새를 거의 못 맡는 내게 무언가 느껴진다는 건 그 강도가 엄청난 거였다. 폭탄이라도 피하듯 걸음이 빨라졌다. 거의 달리다시피 그 구간을 빠져나왔다. 이번에는 다같이 한바탕 웃느라 난리가 났다. 발이 아프다고 낑낑대다가 신기하고 재밌다고 웃기까지. 감정이 얼마나 다양하게 변하는지 걸으면서 온전히 느낄 수 있었다.

계속 이어지는 숲길은 밀림을 연상케 했다. 이만하면 길이 아니라 거대한 밀림 속이다. 숲이 우거지면 시원할 거라 예상했는데 늪지대 같았다. 바람은 전혀 불지도 않고 등에서는 땀이 줄줄 흘러내렸다. 사우나 속을 걷는 게 이런 느낌일까. 옷이 땀에 들러붙은 채 묵묵히 말없이 걸었다. 아이들은 너무 덥다며 한숨을 푹푹 내쉬었다.

땡볕 아래 굽은 길이 끝도 없었다. 언제쯤 그늘이 나올까. 논과 밭으로 이어지는 길은 가도 가도 끝이 안 보였다. 개울가에 머리도 감고 손수건에 물도 적셨다. 잠시 걷다가 다시 걸음이 느려졌다. 햇살이 뜨거워서 더 그랬다. 길을 건너 작은 구덩이 속을 통과하니 또 밭으로 이어졌다. 다리에 힘이 없어서 터벅터벅 걸었다. 잠시 쉬고 싶어도 벌레도 많고 앉을 만한 곳이 안 보여서 계속 걸었다. 묵묵히 행군하는 기분이 이럴까. 그저 작은 벤치 하나가 간절해졌다. 마침 큰 정자 안에 벤치가 있어 쉬어 간다. 양말도 벗고 종아리 마사지를 했다. 힘들어 보이는 아이들에게 차례로 다리를 주물러주었다.

아들이 물었다.

"이렇게 더운데 이 힘든 걸 꼭 해야 돼요?"

"응. 이만큼 왔는데 다시 돌아갈 수는 없잖아. 끝까지 한번 가보자."

'시원한 에어컨 아래 있으면 제일 편한데 너희들이 고생이구나.' 더워서 헉헉거리며 걷는 아이들을 보니 좀 안쓰러워 그런 마음도 들었다.

'나는 도대체 무엇 때문에 이 길을 택한 것인가.' 조용히 걸으며 자문해 보니 생각이 분명해졌다. 어차피 집에 있어도 덥고 땀이 난다. 방 안에 가만히 있으면 당장에는 좋지만 무엇이 남을까. 몸은 쉴지 모르나 마음은 더 불편하다. 가만 있기 어려운 상황이라면 의미 있는 일을 하면서 땀이 나면 더 좋지 않을까. 결론에 이르자 마음이 평온해졌다.

"이 여름에 너처럼 걷는 사람이 얼마나 되겠니. 누구나 여기 올 수 있지 만 아무나 도전하지는 않는다. 지금은 힘들어도 나중에는 엄마한테 고마 워할 거다."

그때 아이들이 속삭이는 말이 작게 들려왔다.

"우리 엄마니까 이런 걸 하지, 누가 하겠어."

늘 그랬듯 시작할 때는 해야 하는지 모르겠다는 불평이 따랐다. 그런데 막상 해보면 결과가 늘 좋았다. 그런 시간이 반복되면서 서서히 아이들도 깨달은 것 같다. 그때는 힘들어도 지나고 나면 의미 있는 시간이었다는 것 을.

그날 숙소에 돌아와 아이들이 물었다.

"엄마는 안 힘들었어요?"

"엄마도 힘들었지."

뭐라 말할 수도 없으니 그냥 걸었을 뿐이다. 그런데 아무런 내색을 안 해서 아이들은 엄마가 안 힘든 줄 알았단다. 때론 힘들어서 그냥 걷기만 할 때가 있다. 말로는 그 힘든 걸 다 표현할 수가 없으니. 사실 잠들기 전에 종아리에 감각이 없었다. 체력이 두 배로 방전된 기분이 들었다. 하지만 그렇게 걸어도 잘 자고 일어나면 충전이 된다. 아무 일 없었다는 듯이 회복되는 게 신기하다. 그 피로를 잊고 또다시 길 위에 서게 된다.

걸으면서 아이들과 평소 하지 못했던 깊은 이야기들을 많이 나누었다. 특히 생명이란 참 소중하다는 것. 모든 생명은 끝이 있는데 우리의 삶도 이 길처럼 언젠가는 끝이 난다. 그 끝이 있기 때문에 한 걸음씩 나아가는 과정이 의미 있는 것이다. "우리는 목적지에 닿아야 행복해지는 것이 아니라 여행하는 과정에서 행복을 느낀다."는 앤드류 매튜스의 말처럼 그 과정에서 행복과 보람을 느꼈다.

이날 걸은 거리를 확인하니 18.1km에 32,000보가 찍혔다. 특히나 푹푹 삶는 듯한 날씨 때문에 쉽지가 않았다. 뜨거운 햇살을 온몸으로 받으며 지치고 힘든 길을 끝까지 꿋꿋하게 걸어준 아이들이 대견했다. 분명 이 시간들을 오랫동안 기억하겠지. 살면서 아무리 힘들어도 이 순간들을 떠올리면 쉽게 포기하지 않을 것이다. 힘든 여정 덕분에 끈기와 인내심이 조금 생긴 것 같다.

살아야 할 이유가 분명한 사람은 어떻게든 산다. 그러니 분명한 사명을 가지고 잘 살아야 한다. 목적이 없으면 걸을 수도 살 수도 없다. 왜 걷는지 이유가 분명하니 어떻게든 끝까지 걸을 수 있었다.

　시작할 때는 막막하다. 끝이 어디인지 도대체 알 수가 없다. 그래도 끝까지 가야겠다는 생각이 강해진다. 특별한 준비도 없이 시작했지만 멈추고 싶지 않았다. 오히려 길 끝에 어떤 게 기다리고 있을까 더 궁금해졌다. 길 위에서 보이는 것은 일부에 불과하다. 계속 가보면 내가 걸어온 길이 어느 정도 보인다. 때론 끝까지 가야만 알 수 있는 것도 있다. 길이 어떤지는 직접 가보지 않으면 모른다. 그러니 그냥 걸을 수밖에. 언제 끝날지 모르는 인생처럼 묵묵히 걷는 것밖에 답이 없다.

걸으면서 인생의 소박함을 배우다

*

인생은 진정으로 사는 것이 아니라
느끼는 것이다.

– 레오나르도 다빈치

하루를 사는 데 정작 필요한 게 얼마나 될까. 그리 많은 게 필요하지 않다는 걸 걸으면서 온몸으로 느끼게 된다. "행복하게 여행하려면 가볍게 여행해야 한다."는 생텍쥐페리의 말이 걷기 여행에서는 진리다. 인생도 어쩜하루처럼 그렇게 많은 게 필요하지 않다. 물질에 대한 욕심을 조금만 내려놓으면 삶은 소박해지고 마음은 더욱 넉넉해진다. 걷기 여행을 하며 길 위에서 얻은 깨달음이다.

군산 오름 정상으로 향하던 길이었다. 더운 열기에 주변이 뿌옇게 보여서 어딘지 파악이 안 되었다. 전망도 눈에 들어오지 않았다. 분명 제대로 걸은 것 같은데 방향을 찾기가 힘들었다. 이정표를 찾아 두리번하다 말 모양의 벤치를 발견했다. 옆에 중간 스탬프가 있어 찍고 돌아서니 우리와 비슷한 차림의 노부부가 벤치에 앉아 쉬고 계셨다. 다가가서 길을 물었다.

"어디서 오시는 길이세요?"
"우리는 정방향으로 걸어왔어요."
"여기서 얼마나 더 가야 하나요?"
"한 시간 정도 걸린 것 같네요."
우리는 역방향이니 그만큼 가면 되겠구나 싶어 안도감이 들었다.

하산 길은 곡선으로 이어지는 숲길이다. 지그재그로 세워진 나무들만 가득했다. 나무들이 촘촘하고 빽빽하게 들어서 있었는데 길이 좁아 당장 멀지 않은 곳도 잘 안 보였다. 너무 외진 곳이라 혼자 걸으면 위험하겠다는 생각이 절로 들었다. 조금이라도 뒤처지면 금세 안 보일 것 같았다. 긴장한 채 셋이서 한 줄로 바싹 붙어 줄줄이 걸어 내려갔다.

정상에서 내려다 볼 때는 저 아래 마을까지 금방 갈 것 같았다. 리본을 주시하며 잘 따라갔는데 한참이 걸렸다. 보는 것과 실제 걷는 게 많이 다르다. 아이들이 드디어 마을이 보인다며 소리를 질렀다. 그런데 그게 끝이 아니었다. 거기서 다시 아래 마을로 가는 길이 또 산길이다. 울퉁불퉁한 돌이 이어진 길이라 피로감이 더해졌다. 정상에서 만난 아저씨가 '한 시간' 이라고 했는데 도대체 어느 길로 가신 걸까 궁금해졌다.

아이들은 계속 물었다.
"엄마, 도대체 끝이 어디에요?"
"글쎄, 엄마도 처음이라 모르지. 곧 끝날 것 같긴 한데..."
숲길 속에 돌들을 밟으며 말없이 걷다 보니 어느새 포구에 이르렀다. 사람들이 이렇게 반가울수가! 개울 쪽에 모여 앉아 파라솔을 치고 식사를 하고 있었다. 그 옆으로 파란 간새 스탬프가 보였다. 드디어 끝이구나! 스탬프를 찍고도 끝이 맞는지 의아했다. 시계를 보니 세 시가 다 되어 있었다. 정상에서 거의 두 시간이 걸린 셈이다.

해안가를 따라 또 한참을 걸었다. 곧 끝날 거라 생각해서 정상 부근에서 물을 다 마셔버렸다. 목이 마른 아이들은 다리에 힘이 풀려서 걸음이 느려졌다. 아들이 말했다.

"엄마 배가 너무 고파요. 밥 먹고 물 한잔 마실 수 있으면 너무 좋겠어요."
그 순간 아이들의 유일한 바람은 '밥 한 끼와 물'이었다. 거기에 추가하면 아이스크림 하나 정도였다. 너무나 소박한 소원들이지 않은가. 아침 일찍 죽 한 그릇 먹고 그렇게 걷다니. 점심도 못 먹고 계속 걷기만 하니 그럴 만도 했다. 빨리 그 길을 벗어나기만 바라며 걷다 보니 아무 생각이 없었다. 그런데 그제서야 배가 고팠던 것이다.

스마트폰에 뜨는 지도를 한참 살폈다.
"조금만 더 가면 식당이 있으니 거기서 물도 밥도 먹자."
"얼마나 더 가야 해요?"
"한 5분 정도면 될 거야."
이제까지 잘 걸었는데 그 5분이 멀게만 느껴졌다. 도중에 아들은 쓰러질 것 같다면서 편의점에 들렀다. 한결 가벼워져 살 것 같다는 표정을 지으며 이온음료를 흔들어 보였다.

주변에 식당을 찾아보니 문이 닫힌 곳이 많았다. 딱 브레이크 타임에 걸린 것이다. 마침 횟집이 보여서 문을 열고 들어가니 한쪽에서 아주머니가 쉬고 계셨다. 장사를 하는지 물으니 작은 목소리로 들어오라고 하셨다.

알고 보니 원래는 안 하는데 아이들이 보여서 식사를 차려주신 거였다. 어찌나 고맙던지. 한치 물회와 갈비정식 그릇을 싹싹 비워냈다. 배부르게 식사하고 아이스크림을 하나씩 들고는 이렇게 맛있었나 싶어 한참을 들여다봤다. 드디어 아이들 얼굴이 밝아졌다.

버스 정류장에 앉아 한참을 기다려도 버스가 안 왔다. '뭐가 잘못됐나.' 다시 확인하니 평일 시간표를 찍어온 게 아닌가. 맞다, 오늘은 토요일! 한 시간을 기다리다 지쳐 결국 택시를 탔다. 마침 운 좋게 택시가 지나가고 있었다. 그렇게 힘들게 갔는데 돌아올 때는 금방 왔다.

출발 지점 안내소로 가니 아침에 봤던 안내 도우미 아주머니께서 반갑 게 맞아주시며 말했다. "오늘같이 더운 날, 제일 힘든 코스를 다녀오셨네 요. 여기는 상코스에 속해요. 아이들도 진짜 고생했네요". 그리고는 "어려 운 코스를 먼저 했으니 이제 남은 코스들은 쉽지요." 하며 덧붙이셨다. 우 리가 상코스를 무사히 마치다니. 아이들도 그 말을 듣더니 뿌듯해하며 좋 아했다. 이제 남은 날들도 웬만해서는 잘 견딜 수 있을 것 같았다.

걷기 첫날에 5시간 반 동안 총 20km를 걸었다. 걷기 신고식을 너무 빡 세게 한 것 아닌가 싶었다. 마트에 들러 먹거리와 간식을 푸짐하게 샀다. 계산대를 빠져 나오니 입구에 아들이 좋아하는 닭강정이 보였다.

"아들, 닭강정 먹을래? 얼른 닭강정도 사자!"

"오~ 엄마 웬일이에요!"

"힘든 코스를 잘 걸었잖아!"

"오늘 진짜 덥고 힘들었어요. 근데 지금은 기분이 좋네요."

아들의 입이 귀에 걸렸다. 평소 엄마답지 않게 묻지도 않았는데 대뜸 사주는 엄마가 신기했나 보다. 두 손 가득 무거운 장바구니를 들고 숙소로 향했다. 아이들이 좋아하는 딱새우 파티를 했다. "애들아~~ 징하게 고맙다!" 한 마디를 외치고 만찬을 즐겼다.

밤이 되니 피곤해서 말이 안 나왔다. 불을 끄는데 아무도 '오늘 왜 이렇게 일찍 자나요.'라는 말을 하지 않았다. 다들 조용히 잠에 빠져 들었다. '일찍 자라.'는 잔소리가 굳이 필요 없었다. 더위를 이기며 끝까지 걸어준 아이들이 대견해서 물끄러미 바라봤다. '앞으로도 오늘처럼만 걸어보자.' 어둠 속에서 그런 바람과 기도가 저절로 나왔다.

힘든 코스를 걷고 나서 더욱 소유에 대해 떠올려본다. 가볍고 홀가분하게 걷는 길에서 나에게 정말 필요한 것들이 무엇인가. 밥 한 끼와 물이면 충분히 즐거운 걷기를 할 수 있다. 게다가 약간의 간식이 있으면 더없이 행복하다. 많은 것들을 짊어지고 사느라 오늘의 즐거움을 놓치지 않기를! 소박하게 하루를 잘 보내는 것, 때론 그게 전부인지도 모른다.

혼자가 아닌 함께의 힘으로 걸었구나

*

네가 태어날 때 많은 사람들이 기뻐하고 너 혼자 울었다.
네가 떠날 때 너 혼자 웃고 많은 사람들이 울 수 있도록 이 세상을 살아라.

– 인디언 격언

한여름에 걷는 건 상당한 인내심이 필요하다. 특히 수분을 충분히 보충
해야 한다. 늘 생수 몇 개를 챙겨서 길을 나서도 금방 빈 통이 되어 버렸
다. 때론 가방이 무거워서 물을 넉넉하게 담을 수도 없다. 생수를 두 개 정
도 들고 걷다 보면 창의성이 생겨난다. 이 물을 얼마나 조절해서 먹어야
오래 마실 수 있을까. 그런 생각을 하게 된다. 걷는 코스에 편의 시설이 있
으면 그나마 낫다. 하지만 한적한 곳을 걸을 때는 더욱 물이 간절해진다.
운 좋게도 필요를 채워주시는 분들이 계셨다. 길에서는 고마운 분들이 참
많았다.

"어떻게 오셨어요?"

"정수기 물 좀 얻고 싶은데요."

"여긴 어르신들이 많아서 들어갈 수 없어요. 물통을 주시면 제가 물을 채워 드릴게요."

물 한 모금이 절실한 순간 말없이 물통을 들고 가서서 한가득 물을 채워 주신 분도 있었다. 그 덕분에 생기를 얻고 다시 걸었다.

서귀포 어느 골목길 공방 앞을 지날 때였다.

"엄마, 여기서 좀 쉬었다 가요."

"그래, 잠시만 앉았다 가자."

작은 돌벤치에 걸터 앉아 있으니 주인 아저씨가 물끄러미 내다 보셨다. 가게 앞이라 살짝 눈치가 보였다. 얼른 일어나야지 하던 찰나, 아저씨께서 종이컵 세 개에 얼음이 가득 담긴 물을 들고 나오셨다. 웃으면서 "더운데 고생이 많아요." 하시는 게 아닌가. 아저씨는 우리 상태를 살피느라 계속 보신 거였다. 더위에 지친 이에게 얼음물 한 잔만큼 큰 선물이 어디 있을까. 물을 다 마시고 걸으면서 종이컵을 만지작거렸다. 챙겨 주신 마음이 그대로 남아 있었다. 와작와작 씹어 먹으려다 얼음이 사라지는 게 아쉬웠다. 천천히 음미하고 있으니 마음까지 시원해졌다. 때로는 많은 말보다 이런 작은 배려가 큰 힘이 된다.

비바람이 불다 그치기를 반복했다. 굽어지는 마을이 계속 이어지는 길에 혼자 걷는 사람들이 많았다. 대부분 비옷이나 판초를 입고 걸었다. 그 틈에 우리가 할 수 있는 건 큰 나무를 찾아 잠시 서 있는 게 전부였다. 공사장에서 비를 여러 번 피했다. 한참 비가 지나가기를 기다렸다가 어느 창고를 지나고 있었다. 갑자기 할아버지가 부르셨다. 무슨 일인가 싶어 다가가니 귤을 상자에 담는 작업을 하고 계셨다.

큰 창고 앞에서 작업하시던 할아버지가 대뜸 한마디 하셨다. "가방 좀 열어봐." 얼떨결에 가방 지퍼를 열었다. 그러고는 귤 반 박스 정도를 그냥 들이부어 주시는 게 아닌가. 비를 맞고 걸음이 느려져 터벅터벅 가던 중이었는데 넉넉한 인심에 찡해졌다. 덕분에 가방도 한껏 무거워졌다. "이걸 어떻게 메고 가나. 얘들아, 비우면서 가자!" 가방을 비우기 위해 도착 지점까지 가는 동안 부지런히 까먹었다. 이제까지 걸으면서 대체로 간단한 에너지바나 캔디로 간식을 해결했다. 새로운 간식에 빗속에서도 내내 즐거웠다. 할아버지의 마음이 담긴 귤은 어느 때보다 달콤했다.

서울에서 지인이 내려와 며칠을 함께 걷기도 했다. 시원한 간식을 넉넉하게 지원해주셨고 힘이 되어주어서 걷는 내내 든든했다. 어느 때보다 걸음이 행복하고 마음까지 넉넉하게 채워졌다. 빗속을 말없이 행군하듯 걷기도 하고 폭포를 지나며 시원한 물줄기에 잠시 더위를 잊기도 했다. 이렇게 제주를 걸으면서 보기는 처음이라며 흐뭇해했다. 특별한 추억을 남겨 주어서 고맙다는 말까지. 함께 걸어서 두 배로 행복한 시간이었다.

오후 늦게 목적지에 도착한 날이었다. 중간 식사 시간을 제외하고 꼬박 7시간을 걸었다. 얼른 스탬프를 찍고 안내소에 들르니 10분 후에 버스가 온다고 했다. 급히 가방을 뒤져 보니 현금이 없었다. 아침에 준비를 해 두고 그냥 나온 것이다. 마음은 급한데 어찌하나 하고 있는데 안내하는 직원이 버스비를 주시는 게 아닌가. 이런 날씨에 걸어온 아이들이 대단하다며 "음료수 하나 사주고 싶은 마음인데 그걸로 차비 해요."라고 하셨다. 어찌나 고맙던지. 완주를 응원하는 마음이 가득 전해졌다. 몇 번이나 인사를 하고 버스 정류장을 향해 뛰었다. 버스에서 내내 그분들의 고마운 미소가 잊히지 않았다.

송악산 둘레길을 걸을 때 높은 지대에 먹거리를 파는 쉼터가 보였다. 잠시 쉬어가려고 앉으니 먼저 더위를 식히던 할머니가 물으셨다.
"어디서 왔어?"
아들이 "김해에서 왔어요."라고 대답했고 대화가 계속 이어졌다.
"최근에 함덕 해수욕장에 가봤어. 평생 살면서 그런 데 처음 가봤지. 하룻밤에 30만 원 넘게 주고 좋은 데 묵었어."
80세가 넘으신 할머니가 딸 가족과 여행했던 일을 자랑삼아 이야기하셨다.

"사람들이 밤에 어찌나 잠을 안 자는지 밖에 불이 환하고 아주 시끌시끌하더라고. 그런 사람들 구경은 처음 해봤는데 신기한 곳이야." 할머니는 대단한 볼거리였다는 듯이 말씀하셨다.

"거길 처음 가보셨다니, 좋으셨겠어요."

"평생 일하느라 가게를 벗어날 수 없었지."

제주도에 사시면서도 위쪽에 있는 시내까지 가는 게 그토록 힘든 일이구나. 차를 타고 한 시간이면 갈 수 있는 거리인데 평생이 걸렸다니. 고된 삶의 무게가 고스란히 전해졌다. 배와 비행기를 많이 타본 아이들은 할머니의 말을 의아해했다. 사실 자신이 사는 곳을 벗어나는 게 쉬운 일은 아니다. 어쩌면 할머니처럼 평생이 걸릴지도 모른다. "이렇게 걸을 수 있을 때가 얼마나 좋아." 하시던 할머니의 말씀이 찡하게 남았다.

하루 걷기를 마치고 저녁을 푸짐하게 먹으며 말했다.

"부탁이 있는데..."

"뭐예요?"

"다른 건 몰라도 이거 하나만 들어줄래?"

"일단 들어 보고요."

"길게도 말고 일기 3줄만 써주면 좋겠어."

"아… 그 정도는 할 수 있죠."

쉬울 것 같지만 막상 해보면 힘들다. 그런 시간을 가진다는 게 마음만큼 잘 안 된다. 그래도 약속을 하고 어떻게든 해나갔다. 걷고 숙소에 돌아오면 피곤함이 가득 몰려왔다. 그럼에도 걷는 순간의 느낌들을 놓치기 싫었다. 그래서 매일 밤 9시가 되면 쓰는 시간을 가졌다. 테이블에 옹기종기 모여 앉아 하루를 정리하는 그 시간이 좋았다. 아이들은 매일 세 줄 일기와 감사 일기를 썼다. 차츰 일기가 쌓여가니 뿌듯해했다. 덕분에 제주에서의 추억을 고스란히 담아올 수 있었다.

정글 같은 산중턱을 헉헉거리며 오를 때 아들은 풍경도 날씨도 충격적이라고 했다. 흐르는 땀을 쉴 새 없이 닦으며 묵묵히 오르던 그 길이 아직도 생생하게 떠오른다. 그날 밤 아들은 일기에 '살아 있어서 감사하다'고 썼다. 그걸 보니 웃음이 났다. 평소에는 그런 걸 생각하지도 않는데 기특하기까지 했다.

휴식할 때는 카페에서 사진 정리를 하거나 글을 썼다. 그때 아이들은 특별한 일이나 전날 걸었던 코스들을 그림으로 남겼다. 그게 온전한 휴식이 되어주었다. 많은 곳을 부지런히 찍고 다니는 게 의미가 있을까. 하나를 보더라도 제대로 남기는 시간이 필요한 것 같다. 늘 계획대로 바쁘게 움직였다면 때론 평소와 다른 여행을 해보는 건 어떨까. 느리게 가는 걷기 여행도 삶에서는 꼭 필요하다.

　날씨가 너무 더워서 걱정이 되긴 했다. 그런데 아이들은 잘 먹고 잘 자고 부지런히 걸어서 그런지 생각보다 단단했다. 피부가 익었고 힘든 여정도 많았지만 이 더위에 걸을 수 있었다는 것만으로도 감사하다. 또한 많은 분들의 도움과 응원 덕분에 즐겁게 마무리했다. 걷는 이들에게 손 내미는 그분들의 도움이 없었다면 용기가 나지 않았을지도 모른다.

　길에서는 결코 혼자가 아님을 느끼는 순간들이 많다. 혼자 걷는 것 같아도 지나는 이들의 응원 덕분에 걸을 수 있었다. 분명 힘들었는데 그 길이 생생하게 떠오르는 이유가 뭘까. 두 발로 걸으면서 그들의 따뜻한 마음까지 온전히 담았기 때문이다.

풍요로운 여행을 위해 이건 챙기자

우리는 일상에서 이런저런 형태로 많은 여행을 하고 있다. 그런데 기억에 남는 여행은 얼마나 될까. "우리의 인생을 값지게 하는 것은 우리가 무엇을 경험하느냐가 아니라 경험한 것을 통해 무엇을 느끼느냐이다." 이 말처럼 경험의 양이 전부는 아니다.

그보다 중요한 것은 그 경험이 온전히 우리의 것이 되고, 그것을 통해 무언가를 느끼는 일이다. 그 즐거웠던 여행도 시간이 지나면 몇몇 장면만 떠오른다. 사진도 좋지만 이미지는 일부에 불과하다. 넘쳐나는 사진을 나중에 정리하려면 시간이 엄청 걸린다. 그때의 느낌이 온전히 살아나지도 않는다.

오랫동안 기억에 남으려면 반드시 기록을 해야 한다. '관찰 기록'을 만드는 게 좋다. 인상 깊은 것들을 모아 짧게 정리해두는 것이다. 우연히 마주친 모든 순간들에 대한 나만의 느낌을 적는다. 길어지면 힘드니까 문장 두세 개만 쓴다. 그걸로 충분하다. 한 줄의 글은 시간이 흐를수록 더 선명하게 남는다. 틈나는 대로 적어 놓은 조각 같은 글들이 여행에 의미를 더해준다. 오랜 시간이 지나도 그 향기를 기억하는데 도움이 된다. 이걸 모으면 또 하나의 작품이 만들어지기도 한다.

나는 여행을 갈 때 아이들에게 꼭 챙기라고 당부하는 게 있다. 바로 노트다. 다른 건 몰라도 노트는 꼭 챙기도록 한다. 어릴 적부터 끊임없이 강조해왔다. '여행갈 때는 가방에 노트 한 권 꼭 넣어야 해!' 시간이 지나니 이제는 말을 하지 않아도 스스로 챙긴다. 노트가 있으면 심심할 일이 별로 없다. 낙서를 하거나 풍경을 그리며 시간을 보낼 수도 있다. 주변에 보이는 것들을 스케치하다 보면 시간이 잘 간다. 노트와 풍경 속을 오가는 동안 고요와 평온함을 온전히 즐긴다.

얼마 전 아이들과 통영으로 여행을 다녀왔다. 햇살이 뜨거운 아침에 동피랑 벽화 마을을 걸었다. 비탈길에 옹기종기 모여 있는 마을의 담벼락에는 예쁜 그림들이 그려져 있었다. 구경하며 오르는데 숨이 찼다. 등산하는 기분으로 헉헉거리며 걷다가 지쳐 카페에 들어갔다. 경치를 보며 잠시 쉬어 가려던 참이었다. 지대가 높으니 눈 앞에 펼쳐진 통영항 풍경은 감탄이 저절로 나왔다. 아이들은 탁 트인 창가에 자리를 잡고 앉더니 바로 드로잉북을 꺼냈다. 그림에 빠진 남매 옆에서 잠시나마 생각을 정리하고 메모했다.

한참동안 풍경 감상을 하고 있을 때 주인이 다가와서 인사를 건네며 그림 사진을 찍는 게 아닌가. 그림 그리는 모습을 지켜보고 있었던 것이다. 주인은 잘 그렸다는 칭찬을 아끼지 않았고 으쓱해진 아이들은 즐거워했다. 카페 앞에는 두 명의 작가가 캐리커쳐를 그려주고 있었다. 순식간에 사람들이 몰려들어 북적거렸다. 화가가 그려주는 그림을 돈을 주고 살 수도 있다.

하지만 아이들은 직접 본 풍경을 세심하게 종이에 담아냈다. 직접 보고 그렸기에 어느 장소보다 오래 기억할 것이다. 한 곳에서 오랫동안 천천히 휴식했던 장소라 더욱 특별하다. 이것보다 더 귀한 추억이 있을까. 다른 어떤 여행에서보다 값진 기념품, 소중한 선물을 얻은 셈이다.

노트와 함께 양면테이프도 함께 챙긴다. 가방에 넣어두면 이동 중에 할 수 있는 일들이 참 많다. 일본 여행을 갔을 때도 가는 곳곳마다 그림을 그리고 티켓과 입장권들을 노트에 붙였다. 돌아올 때는 각자의 여행 책자가 하나씩 만들어졌다. 여행 중의 소소한 일들을 기록하는 것이 얼마나 가치 있는 일인지를 깨달은 아이들은 이제 어딜 가든 노트를 챙겨 간다. 자연스럽게 가방에 노트를 제일 먼저 넣는다.

여행을 갈 때 무엇을 가져가는가. 어떤 걸 챙기는지에 따라 여행의 질이 결정된다. 가져가도 쓰지 않을 물건들, 혹시나 해서 넣은 것들이 가득하지는 않은가. 다른 어떤 것보다 먼저 기록할 준비를 해야 한다. 준비물 리스트에 노트를 꼭 담아두자. 일단은 챙겨야 쓰게 된다. 의미 있는 여행은 어떻게 준비하느냐에 따라 달라진다.

여행은 짧고 여운은 오래 간다. 어찌 보면 여행에서 가장 좋은 순간은 바로 떠나기 전이 아닐까 싶다. 떠나기 전에 준비하는 시간은 여행보다 훨씬 길다. 숙소와 먹거리, 방문할 곳들을 찾으려면 많은 시간이 필요하다. 때로는 정보를 찾는 일이 여행보다 더 피곤하고 힘들기도 하다.

그래도 여행을 가기 전에 잔뜩 기대하는 마음으로 준비하는 그 과정이 좋다. 그나마 그렇게 준비하는 설렘이 있기에 무료한 일상도 기꺼이 견딜 수 있는 게 아닐까 싶다. 그런 준비 과정 자체가 있어서 여행이 더 즐겁다.

여행을 가면 사실 바쁘다. 도대체 언제 쓸까 하는 생각도 든다. 시간은 많지만 제대로 쓸 여유가 별로 없다. 많은 곳을 다니는 것보다 제대로 보는 게 더 중요하다. 욕심내지 말고 마음 가는 곳을 몇 군데 정해서 오래 보는 게 낫다. 그 중간에 휴식 타임을 가지고 잠깐 기록한다. 느낌은 떠오르는 그 순간이 중요하다. 한 줄의 글이라도 써놓으면 의미 있는 순간이 된다. 그래야 생생한 느낌을 오랫동안 간직할 수 있다.

기록하는 방법은 다양하다. 이동할 때 사진을 찍거나 폰에 동영상과 녹음으로 남길 수 있다. 그러나 손으로 직접 쓰는 게 제일 좋다. 휴대폰 메모장에 쓸 수도 있는데 무겁게 노트가 필요할까 생각할 수도 있다. 그러나 폰으로 쓰는 데는 한계가 있다. 간단한 메모를 하기에는 좋지만 효율성은 떨어진다. 손으로 편하게 적고 시각화해서 동선을 그리는 게 더 효과적이다. 어떻게든 자신만의 방법으로 남겨두어야 한다. 키워드 중심으로 짧게라도 메모해두자. 그게 차곡차곡 모이면 나만의 알찬 여행 정보가 된다.

사실 여행지에서의 밤은 휴식이 필요하다. 그래도 자기 전에 각자 일기 쓰는 시간을 가졌다. 쓰다보면 문득 나 자신이 대견할 때가 있다. 평소에 보지 않던 것들에 관심이 쏠려 여기저기 돌아다니면 몸이 피곤하다. 그런 상황에서 기록하는 건 쉬운 일이 아니다. 잠시 하루를 돌아본다는 생각으로 쓴다. 간단한 여행 일지를 쓰는 것도 좋다. 날짜를 적고 그날의 여행에서의 중요한 일정과 느낌을 기록한다. 특별한 게 없어도 쓰면서 느낀다.

이 짧은 기록이 여행을 더 가치 있게 해준다는 것을.

함께 걷는 게 최고의 선물이다

*

청춘은 다시 돌아오지 않고 하루에 새벽은 한 번뿐이다.
좋은 때에 부지런히 힘쓸지니 세월은 사람을 기다리지 않는다.

– 도연명

학창시절 어렴풋이 떠오르는 추억이 있다. 좋은 음식을 먹거나 멋진 곳에 함께 가지는 않았어도 주말에 한 번씩 엄마와 산에 오르곤 했다. 얼마 전에 무얼 했는지는 생각이 잘 안 난다. 그러나 가끔 산에 갈 때의 모습은 지금도 잊히지 않는다. 오랜 세월이 지났음에도 그때가 떠오르는 이유가 뭘까. 특별한 것도 없는데 산속에서 무슨 재미가 있었을까 싶다. 그런데도 생각이 나는 것은 그때 그 순간이 오롯이 즐거웠기 때문이다.

'바퀴벌레 가족'이란 말이 있다. 집에 가장이 들어왔을 때 가족들은 현관에서 인사를 하고 나면 그 자리를 뜨기 바쁘다. 바퀴벌레가 스며들듯 그렇게 각자의 방으로 사라진다. 그리고 밖으로 나오지 않는다. 다들 방에서 노트북이나 스마트폰으로 혼자 논다. 자신의 방에서 전 세계와 연결되어 아쉬울 게 없다. 시간 가는 줄 모르고 빠져들게 된다. 그저 먹거리만 해결되면 그만이다. 하지만 그들은 외롭다. 지금 너무나 흔한 풍경이지 않은가. 이런 풍경이 지속되면 답이 없다. 한집에 사는 가족이 도대체 어떤 의미가 있을까. 아이들이 자랐을 때를 상상하면 안타까운 마음도 든다.

그래서 아이들에게 어떤 걸 남겨줄지 더욱 고민이 많아진다. 물질적 풍요로움은 아니어도 함께 걸었던 경험의 재산이 많기를 바랐다. 돈은 아무리 많아도 그리 오래 가지 않는다. 쓰는 순간 잠시 기분이 좋을 뿐이다. 그러나 경험이 많은 사람은 다르다. 마음이 허전한 날 함께 걷던 그리움 하나로 살아갈 힘을 얻었으면 좋겠다는 생각이 들었다.

예상치 못한 코로나에 아이들과 함께 하는 시간이 많아졌다. 그만큼 챙겨야 할 것도 늘어나 부담도 커졌다. 잔소리와 스트레스가 이전보다 쌓여가니 방법을 찾아야 했다. 그대로 있으면 관계만 자꾸 멀어질 것 같았다. 어떻게 하면 다같이 평온하게 보낼 수 있을까. 그전에 시간이 없어 하지 못했던 것들을 하나씩 해보기로 했다. 조금만 관심을 가지고 관찰하면 할 수 있는 일들이 보인다.

하루 한 번은 다같이 걷기로 했다. 오전에는 각자의 일에 충실하고 정해 둔 시간이 되면 알람을 맞추어 두고 무조건 나갔다. 처음에는 집주변 골목을 산책하고 가끔 자전거를 타기도 했다. 매일 나가서 걷는 데 익숙해지자 뭔가 새로운 걸 찾기 시작했다. 이런 시간에 작게 도전해서 재미를 느낄만 한 게 뭐가 있을까 고민하다 등산을 떠올렸다.

가끔 아이들과 산에 가면 조금만 걸어도 힘들어했다. 평소 많이 뛰어노는 아이들인데도 달랐다. 이번에 체력을 좀 길러주는 게 좋겠다 싶어 제안을 했다. 가벼운 산행은 가끔 했지만 이번에는 협상이 쉽지 않았다. 평소 원했던 먹거리를 사주겠다는 약속을 했다.

이 기회에 내가 살고 있는 도시의 모든 산을 올라보기로 마음먹었다. 무슨 산이 있는지 조사하고 위치와 고도, 등산로들을 파악했다. 그리고 나서 서로의 상태를 고려해 세부적인 계획을 세웠다. 산에 가기 전날에는 좋아하는 간식들을 미리 챙겨두었다. 산에서 하나씩 먹는 그 재미로 걸었다. 걸으면서 여유가 없어 하지 못했던 이야기들도 편하게 나누고 함께 노래도 불렀다.

땀 흘리며 다리가 너무 힘들어 멈추고 싶던 순간에도 서로 의지하며 견뎠다. 몇 번의 등산은 즐거웠고 다음에 또 갈 거라고 했다. 하지만 아이들과 등산을 하는 것도 때론 굉장한 인내심이 필요하다. 사실 운동하러 나간다고 하면 어른들도 귀찮을 때가 많은데 아이들은 더한 것 같다. 어떨 때는 집을 나서기 전부터 온갖 투정이 시작된다. 피곤하다거나 몸이 안 좋아서 쉬고 싶다며 짜증을 내기도 했다. 그런데 달래서 겨우 산에 오르면 언제 그랬냐는 듯 방긋 웃는다.

정상에 오르면 집을 나서기 전에 그 표정은 온데간데없다. 땀이 너무 나서 힘들어하던 아들도 물 한 모금 마시고 세수를 하고 금방 생기를 되찾는다. 등산을 한 날은 체력 보충을 위해 특별한 메뉴를 먹었다. 아이들은 산에 가기 전에는 힘들어해도 정상을 찍고 내려오면 금메달이라도 딴 것 같은 표정을 지었다. 무언가를 해냈다는 뿌듯함이 얼굴에 그대로 드러난다.

목표한 대로 모든 산을 오르고 나서는 가고 싶은 산을 골라서 다녔다.
"오늘은 ○○산이야." 하면 아이들은 "엄마, 오늘은 왠지 그 산 안 가고 싶은데요. 가까운 곳으로 골라주세요."라고 했다. 그 이후로 산에 대해 함께 이야기 나누는 시간이 많아졌다. 한 번 가서는 잘 기억이 안 난다. 하지만 여러 번 가거나 특별한 일이 있었던 산은 오래 기억했다. 아이들이 걸으면서 떠들고 장난치느라 아무것도 남는 게 없을 줄 알았다. 그런데 의외로 산의 특징들과 어디에 뭐가 있었는지를 잘 설명하는 걸 보며 놀랐다. 그렇게 산에 오르는 동안 아이들은 몰라보게 달라졌다. 투정도 덜해졌고 걷는 속도도 많이 빨라졌다. 산에 갔다 오면 배고파서 식사 태도가 좋아졌고 편식이 줄었다.

등교를 하지 못했던 한 달 반 동안 정확하게 22번의 산행을 마쳤다. '이 도시의 모든 산 정상 밟기'와 '아이들과 22번의 산행'이라는 두 가지를 이루었다. 가볍게 시작한 산행인데 체력이 좋아지니 가속도가 붙었다. 마지막 산행을 한날은 감격에 겨워 조촐한 파티를 열었다. 다리가 후끈하고 몸은 피곤했지만 그 어느 때보다 행복했다.

목표를 정하고 계획을 세우니 어떻게든 이루었다. 아무 생각 없이 걸었다면 중간에 그만두었을지도 모른다. 시간이 주어졌고 그 안에 해야 할 일이 분명했다. 도장깨기처럼 다녀온 산을 하나씩 지우다 보니 도전하는 재미가 더해졌다. 그 덕분에 끝까지 할 수 있었다. 산을 오르면 가족 간에 대화도 더욱 끈끈해진다. 평소에 나누지 못했던 말들을 꺼내기에 충분하다. 맑은 공기 속을 걸으며 나누는 이야기들은 대체로 유쾌하다. 그러니 이런 시간들을 많이 만들어야 한다.

비교적 오르기 쉬운 산길을 아이들과 걸어보라. 멀고 높은 산에 가려면 쉬운 곳부터 차근차근 다져나가는 게 좋다. 체력은 그렇게 작은 동네 산에서 길러진다. 집에서 가까운 곳 만만한 산에 많이 오르길 바란다. 그렇게 익숙해져야 한다. 찾아보면 운동하기 좋은 산은 많다. 누군가가 추천하는 좋은 산이 나에게도 좋은 산은 아니다. 사람마다 체력이 다르고 느끼는 게 다르기 때문이다. 낮은 산이라 해서 만만한 곳은 없다. 낮은 산을 자주 오르다 보면 더불어 자신감도 생긴다. 내가 사는 도시의 산에 많이 올라보고 다양한 길을 익히면서 적응되면 다른 산에도 가보자. 그저 걷기만 하면 되니까 얼마나 좋은가.

그런 시간들이 조금씩 쌓이면 어떤 것으로 돌아올지는 모른다. 그러나 훗날 아이들은 함께 산행하며 보냈던 시간들을 기억하겠지. 힘든 일이 생기면 이 순간을 떠올리며 웃을 수 있지 않을까. 함께 걸었던 그 길을 추억하고 그리워하겠지. 어릴 적에 그랬던 것처럼.

4장   기록의
             중요성을
             깨달아

성공한 사람들의 공통적인 습관

*

인생에서 실패한 사람의 대부분은
성공이 눈앞에 왔는데도 모르고 포기한 사람들이다.

– 토마스 에디슨

세상에는 위대한 사람들이 많다. 자신의 분야나 생활면에서 어느 정도의 위치에 올라선 사람들을 보면 놀랍다. 그 위대함은 어디에서 오는 걸까. 그런 면모를 타고나기도 하지만 대부분 부단한 자기 관리와 성찰 덕분에 가능했다. 어떻게 하면 그들처럼 될 수 있을까. 도대체 어떤 마음가짐과 생활 태도로 살았기에 생활을 바꾸고 인생을 변화시킬 수 있었는지. 그 방법이 궁금했다.

여러 자료들을 찾다가 공통점을 발견했다. 성공하는 사람들에겐 일정한 성공 법칙이 존재한다. 그들은 독서, 운동, 메모를 열심히 실천하고 있었다. 아무리 바빠도 이 세 가지를 생활 속에서 꾸준히 해나갔다. 나는 그중 독서와 운동은 습관이 되어 있었다. 틈나는 대로 책을 읽어왔고 걷고 달리며 체력을 관리하고 있다. 하지만 메모하는 건 쉽지가 않았다. 책을 읽고 운동은 해도 메모를 소홀히 하는 사람이 많다. 그런데 성공한 사람들은 반드시 메모하는 습관을 가지고 있었다. 메모가 곧 경쟁력이기 때문에 급변하는 시대에 정보를 놓치지 않으려면 메모하는 습관이 필수다.

나폴레온 힐, 지그 지글러와 함께 성공학의 권위자로 불리는 헤럴드 셔먼은 자신의 저서인 『메모 수첩』에서 이렇게 말했다. "성공학에 대한 연구를 시작하면서 많은 성공자들을 만나봤는데, 뛰어난 비즈니스맨, 즉 억대 연봉을 받는 사람 치고 메모를 하지 않거나 스케줄 수첩이 없는 사람을 본 적이 없다." 그의 말대로 성공한 사람들은 모두 메모하는 사람들이다. 항상 메모를 하는 부지런한 사람들! 메모하지 않고 성공하는 사람은 별로 없다.

메모하는 습관이 어떻게 성공에 도움이 되었을까. 효과적으로 일하고 실적을 올리는 사람들은 그들만의 비결이 있다.

이디야 커피의 문창기 회장은 이런 말을 했다. "내가 성공할 수 있었던 이유 중 하나는 메모하는 습관과 인간관계에 최선을 다했기 때문이다." 그가 메모와 인간관계를 얼마나 소중하게 생각하는지 고스란히 전해진다. 우리가 겪는 문제의 대부분은 사람과의 관계에서 온다. 그렇기 때문에 메모와 인간관계는 성공에서 빠질 수 없는 중요한 부분이다. 가족을 비롯해 주변 관계를 잘 맺는 사람이 일에서도 성공한다. 알지만 바쁘면 놓치고 잊게 되는 것들이 많지 않은가. 기록하고 관리하면 좋은 일이 많이 생긴다.

그는 사람과의 관계를 유지할 수 있는 방법으로 '메모'를 꼽았다. "누구를 만나든 상대방을 존중해 최선을 다하고 메모를 해둬 정보를 쌓아 관리해야 좋은 인간관계를 유지할 수 있다."고 했다. 새로운 곳에 취직해 성과를 내야 되는 순간에 우연치 않게 과거에 만났던 지인의 도움으로 회사에서 인정을 받은 일도 있었다고 한다. 그는 단 한 줄이라도 만나는 사람 한 사람에 대해 메모를 해두었다. 그런 작은 습관이 지금까지 많은 사람들과 좋은 관계를 유지할 수 있었던 비법이다.

故 이건희 삼성 회장이 신규 임원진에게 만년필이나 휴대전화를 선물로 주었던 것은 유명하다. 세상 많은 물건 중에 남다른 선물을 하는 이유가 있을까. 평소 그는 "기록이 실수를 바로 잡을 수 있다."고 강조했다. 그렇기에 '기록'을 철저히 해두라는 의미일 것이다. 메모는 사실 쓰는 것보다 '재창조'에 의미가 있다. 메모를 많이 하면 그중에 건질 만한 건 불과 얼

마 되지 않는다. 그래도 메모하는 그 자체만으로도 재산이 된다. 펜을 쥐고 있으면 남의 말을 듣는 태도와 주변을 바라보는 자세가 달라진다. 쓴다는 것은 경청의 자세를 뜻한다. 메모 습관으로 얻을 수 있는 수확은 이처럼 다양하다.

대한민국 대표 CEO 가운데 한 명인 윤종용 삼성전자 부회장은 중학교 시절부터 일기를 썼다. 펜과 수첩을 달고 사는 유명한 메모광이기도 하다. 회의 내용과 지시 사항, 일적인 부분을 빠짐없이 작은 수첩에 적어두는 습관이 있다. 40여 년 동안 모아온 메모를 바탕으로 경영에 관한 책을 내기도 했다니 놀랍다. 메모가 그를 경영인으로 살아가도록 이끌어 준 셈이다.

국민 배달 앱 배달의민족 '우아한 형제들'의 김봉진 대표는 메모하는 젊은 CEO다. 그는 10년 전 창업할 때부터 줄곧 같은 다이어리를 쓰고 있다. 해마다 쓰는 같은 형태의 몰스킨이 자신의 애장품이라고 한다. 우리는 사소한 메모까지 휴대폰이나 노트북에 저장하는 시대를 살고 있다. 그러나 젊은 CEO들과 성공한 부자들은 여전히 다이어리에 직접 메모하는 것을 선호한다. 아이디어와 업무, 급한 일정들을 애써 손으로 쓴다. 노트를 펼치기만 하면 바로 쓸 수 있어 편하기 때문이다.

성공한 사람들은 자신의 목표와 계획을 늘 생각하며 산다. 그러니 장소와 환경에 개의치 않고 항상 메모를 한다. 냅킨이나 영수증, 종이의 작은 귀퉁이를 찢어 쓴 메모 등 여건을 가리지 않는다. 자신이 어디에 있든 늘 적으면서 자신의 일에 몰두한다. 순간순간 떠오르는 생각이나 아이디어를 놓치지 않기 위해 메모한다. 미국의 '자동차왕' 헨리 포드는 '스케줄을 메모하지 않는 사장은 그 자리에 앉을 가치가 없다.'고 했다. 메모가 업무에 있어 얼마나 중요한지 모른다. 단지 메모에만 그치는 것이 아니라 업무에 활용하고 발전시켜 나가는 모습이 남다르다. 아무리 작은 성취라도 메모를 해 둔다. 성취의 기록들이 쌓이면 얼마나 큰 자산이 되겠는가. 메모하고 정리하다 보면 일의 효율성은 자연스레 높아진다.

아이디어를 기록한 노트와 틈틈이 적어둔 메모에는 엄청난 힘이 있다. 그 힘을 알기에 오늘도 부지런히 쓰면서 앞을 향해 걸어간다.

천재들이 비범한 이유가 여기에 있다

*

일을 즐겁게 하는 자는 세상이 천국이요,
일을 의무로 생각하는 자는 세상이 지옥이다.

— 레오나르도 다빈치

자신만의 분야에서 특별한 재능을 가진 사람을 천재라 부른다. 하지만 꼭 그런 것은 아니다. 그들의 재능을 더욱 빛나게 해준 것은 부단한 노력 때문이다. 타고난 재능과 더불어 어떤 일에 쏟은 열정! 그런 노력 없이는 불가능하다. 그들을 천재로 만든, 평범한 사람과는 다른 습관이 뭘까. 그 비결은 바로 메모에 있다.

에디슨은 메모에 있어 빼놓을 수 없는 인물이다. 그를 칭하는 수식어는 셀 수가 없을 정도다. 기네스북에 특허를 가장 많이 낸 사람, 흔히 발명왕으로 알려져 있다. 하지만 그의 진정한 수식어는 메모광이다. 그가 이룬 모든 업적은 메모에서 나왔다. 청각 장애로 초등학교도 제대로 나오지 못했다. 그런데 메모를 하면서 부단한 노력을 통해 그 많은 걸 이루어냈다.

에디슨의 메모는 다방면에서 드러난다. 그는 어려서부터 책을 읽고 일기를 썼다. 일기장에서 늘 손을 떼지 못했다. 어딜 가든 일기를 썼는데 그가 남긴 메모나 일기는 500만 매 정도로 그 분량이 방대하다. 호기심이 생기면 실험을 통해 결과를 만들어냈다. 그것들을 꾸준하게 기록으로 남겼다. 소송을 당했을 때 실험 관련 메모는 그의 결백을 증명하는 귀중한 자료가 되기도 했다.

또한 건강 관리 차원에서 먹은 음식까지도 자세하게 기록했다. 생활 속에서 만나는 모든 것들을 그냥 버리지 않고 아이디어로 연결시켰다. 그 덕분에 하나의 정보나 지식이 또 다른 새로운 발상으로 이어졌다. 그 모든 과정이 창의성의 원동력이 된 것이다.

독서광으로도 유명한 그는 발명을 시작하면서 연구와 관련된 책에 아낌없이 투자했다. 주머니에 항상 뭉툭한 연필을 여러 자루 가지고 다니며 시간 여유가 있을 때마다 애독서의 빈 공간에 메모를 하곤 했다. 정보의 활용 방법을 생각하며 습관적으로 기록했다. "목적의식을 갖고 기록하라. 나는 철저하게 메모를 한 덕분에 생명을 구하고 재산을 모을 수도 있었다."
그가 한 말에서 메모의 중요성을 실감한다.

그는 책을 읽고 메모하는 것뿐 아니라 인간을 주도면밀하게 관찰하고
그 결과도 메모로 남겼다. 어떤 일에 종사하더라도 '관찰력'을 기르는 일이
가장 중요하다고 한다. 관찰을 하면 메모할 것들이 많아진다. 관찰을 통한
메모하는 습관이 그에게는 인생을 이끄는 힘이 되었다.

레오나르도 다빈치 역시 철저한 메모광이었다. 그는 쓸데없는 것이라도
모두 적어야 직성이 풀렸다. 특히 마인드맵을 활용해 기록했다. 요즘 많이
쓰고 있는 마인드맵을 500년 전에 썼다는 게 놀랍다. 그림을 그리며 아이
디어를 만들어 내면서 5천 장이 넘는 엄청난 양의 기록을 남겼다. 화가에
머무르지 않고 수학자, 조각가, 해부학자, 물리학자, 건축학자 등 다방면으
로 뻗어 나갔다. 기록을 통해 그의 능력을 모두 드러낼 수 있었던 것이다.

링컨은 실크 모자를 자주 썼는데 평범한 그 모자 속에 항상 종이와 연필
을 넣고 다녔다는 사실! 길을 가다가 갑자기 떠오른 생각이나 사람들에게
서 들은 말을 바로 기록했다. 가방도 아닌 모자 속에 필기구를 넣어 다니는
준비성이 놀랍다. 메모에 대한 그의 태도와 열정이 단번에 느껴진다. 비록
정규 교육은 못 받았으나 훌륭한 정치가가 된 비결은 바로 메모 덕분이다.

빌 게이츠도 평소에 떠오르는 생각을 자주 메모했다. 그 방법이 역시나 독특하다. 그냥 쓰지 않고 종이를 4면으로 나누어 각각 다른 생각을 적었다. 일주일 동안 종이를 들고 다니며 자신이 쓴 메모에 대해 사색하는 시간을 가졌다고 한다. 독서광으로 유명한데 책을 읽고 소감을 책의 귀퉁이에 메모하고 다시 이것을 정리해서 지인들과 나누었다. 읽고 기록한 것을 나누는 생활 자체가 그를 남다르게 이끌어 주었다.

어떤 천재든 그들의 공통점은 부단히 메모했다는 사실이다. 아무리 천재여도 메모하지 않고 탁월해진 사람은 별로 없다. 능력이 탁월한 게 아니라 메모를 했기에 특별한 삶을 살았다. 예술, 건축, 문학 등에 이르기까지 어느 분야든 간에 대부분의 천재들은 메모하는 습관을 가지고 있다. 메모로 그들의 천재성을 드러낸 사람들의 이름은 나열할 수 없을 정도로 많다.

뛰어난 삶을 살았던 사람들 대부분은 이토록 쓰기와 친했다. 단점을 극복하고 탁월함을 끌어내기 위해 자신만의 특별한 방법을 가지고 메모에 몰입했다. 그리고 무엇보다 기록의 과정을 즐겼다. 오늘 내가 이룬 것들을 기록하고 그것이 성과로 이어지는 것을 보는 데서 기쁨과 만족을 느꼈다. 그들이 비범한 이유는 바로 여기에 있다.

매일 쓰면 뭐가 좋을까

*

삶에서 가장 파괴적인 단어는 내일이다.
내일이란 단어를 자주 사용하는 사람들은 가난하고 불행하고 실패한다.
이런 사람들은 종종 내일부터 투자하겠다고 말한다.
또는 내일부터 운동과 살 빼기를 시작하겠다고 말한다.
오늘은 '승자'들의 단어고, 내일은 '패자'들의 단어다.
당신의 인생을 바꿀 수 있는 말은 '오늘'이라는 단어다.

– 로버트 기요사키

가끔씩 하는 것은 손이 기억하지 못한다. 내 손에 익숙해질 때까지 그 행위를 지속하는 것만이 답이다. 계속 시도한다는 것은 마음이 원하고 있다는 의미니까. 세 줄 일기도 가끔 쓰는 일기도 좋다. 하지만 질적 변화를 위해 마음을 담아 매일 쓰고 싶어졌다. '그래, 어떻게든 매일 일기를 써보자.'

쓰는 힘을 기르기 위해 두 가지 규칙을 정했다.

1. 매일 쓸 것

2. 노트 한 장 정도는 채울 것

익숙해지려면 환경을 설정하는 게 우선이다. 먼저 시간과 분량을 설정했다. 하루를 마무리하면서 좋았던 일들과 인상적이었던 장면들을 노트에 써내려갔다. 처음부터 노트의 한 면을 채우는 일은 쉽지가 않았다. 쓸 게 별로 없었고 고민하느라 끙끙거렸다. 잠들기 전에 몸도 피곤한데 쓰고 앉아 있는 게 힘들었다.

측정할 수 있어야 관리된다고 하지 않았던가. 그래서 타이머로 일기 쓰는 시간을 재어보았다. 생각하면서 쓰려니 시간이 무척 오래 걸렸다. 반복할수록 적응이 되었고 천천히 생각이 떠오르는 대로 썼는데도 불과 15분도 채 걸리지 않았다.

매일 조금이라도 써나가니 그 시간이 차츰 줄어들기 시작했다. 이제는 평균 10분 정도 걸린다. 습관을 만들 때는 시시할 만큼 작게 시작하라고 한다. 저녁에 피곤해도 10분이면 쓰니까 어떻게든 앉게 된다. 나를 위한 시간으로 그 정도는 할 만했다. 다른 일에도 그보다 많은 시간을 쓰고 있지 않은가. 30분 이상 앉아서 썼다면 꾸준히 하기 힘들었을지도 모른다. '나를 위한 하루 10분의 투자'라고 생각하니 쓸 수 있었다.

그런데 바쁠 때는 그마저도 놓칠 때가 있다. 너무 피곤하면 며칠씩 밀리기도 한다. 그럴 때는 되도록 휴대하면서 시간 날 때마다 쓴다. 더 늦어지면 숙제처럼 힘들어지고 부담스럽다. 생각을 떠올리며 앉아 있으면 꽤 많은 시간이 소요된다. 그렇기 때문에 애써 빠른 시일 내에 쓰려고 노력한다.

매일 일기 쓰는 일을 '나만의 쓰기 훈련'이라 생각하고 지속해왔다. 그 결과는 놀라웠다. 쓰는 행위는 이전과는 다른 사람으로 바꾸어 놓았다. 혼자 앉아 써내려가는 시간이 점점 좋아졌다. 습관이 되니 안 쓸 수가 없었다. 하루라도 쓰지 않으면 허전했다. 일기는 어쩌다 가끔 말고 매일 써야한다. 단 몇 줄이라도 매일 쓰면 분명 달라진다.

도대체 매일 일기를 쓰면 뭐가 좋을까?

1. 생각이 명료해진다.
2. 아이디어를 붙잡는다.
3. 교훈을 되새긴다.
4. 자신의 성장한 모습을 확인할 수 있다.
5. 기억력이 향상된다.

이외에도 일기의 좋은 점은 많다.

첫째, 일기는 자기 관리의 기본이다. 자신의 일상을 남기는 일은 큰 의미가 있다. 무슨 생각을 했고, 무엇 때문에 힘들었으며, 감정 상태가 어떠했는지 일기로 남기지 않으면 알 수가 없다. 어떤 일들로 하루를 분주하게 보냈는지 살펴보는 시간을 가져야 한다. 일과를 점검하는 시간이 없다면 매일 되는 대로 살게 된다. 그냥 시간이 생각지도 못한 사이에 흘러가 버린다. 열심히 살아도 남는 게 별로 없다. 성장하려면 하루를 성찰하고 반성하는 시간이 꼭 필요하다.

둘째, 일기는 나를 돌아보는 거울이다. 일기를 쓰는 동안 오롯이 자신을 돌아볼 수 있다. 아침에 눈을 뜨는 순간부터 하루 일과를 온전히 해내기까지의 과정들을 떠올려본다. 그저 손이 움직이는 대로 써내려가다 보면 그 속에 내가 보인다. 매일 분주한 일상에서 잠시라도 마음을 들여다보고 살고 있는가. 다른 사람의 생활이나 뉴스 기사를 찾아보고 SNS를 뒤적이며 시간을 보낼 때가 많다. 하지만 정작 중요한 나에 대해 생각할 시간이 별로 없다. 의미 없는 타인의 일에 관심을 가지지 말고 나에게 관심을 갖자. 나를 챙기고 알아가는 일이 먼저다.

소설가 김숨은 "매일 일기를 쓰는 사람이 존경스럽다."고 했다. "일기를 쓴다는 건 기도하는 행위와 닿아 있다고 생각한다. 일상에 대해 성찰하고 성찰하려는 의지를 갖고 있는 사람이 일기를 쓴다. 또한 매일매일 쓴다는 건 성실, 한결 같다는 걸 증명하는 것이다."라고도 했다.

일기를 쓰면서 지금 내 모습을 잠시라도 들여다보자. 나를 돌아보며 내면의 힘을 키우는 시간, 자신과 대화를 나누는 순간이 절대적으로 필요하다. 그 시간의 양과 깊이만큼 성숙해지는 것이다.

일기 쓰는 시간은 철저하게 혼자다. 그 혼자인 시간을 진정 즐기는 사람이 함께 있을 때도 즐겁게 보낼 수 있다. 일기는 자신과의 대화다. 오랫동안 자신과 대화하며 살아온 삶은 남다르다. 나와의 대화를 많이 하는 사람은 어떠한 상황도 견딜 수 있다. 감정을 잘 다스릴 수 있는 힘도 더불어 생긴다. 그런 내공으로 타인을 대하면 훨씬 내실 있게 이야기할 수 있다. 풍성한 대화를 위해서도 나를 알고 생각하는 시간을 더 많이 만들어야 한다. 오랫동안 일기를 쓰면 나에 대해 많이 알게 된다.

셋째, 손으로 쓰는 행위에는 내면을 단단하게 해주는 힘이 있다. 누구에게도 말 못할 일들을 쓰다 보면 머릿속이 개운해진다. 어지럽던 방 안을 청소하고 나면 상쾌하고 기분 전환이 되는 것처럼. 쓴다는 것도 내면을 정리하는 청소의 개념과 비슷하다. 불안전한 감정과 스트레스도 손으로 쓰는 동안 어느새 정리가 된다. 내 안에 머물러 있는 문제가 보이고 글로 보면 상황이 더욱 객관적으로 파악된다. 그런 면에서 일기는 감정의 비상구인 셈이다. 쓰다 보면 정신도 육체도 건강해진다. 마음을 다잡고 써나가다 보면 긍정적인 감정, 희망이 더 많이 채워진다. 그래서 후회보다는 다짐을 더 많이 하게 된다. 그 시간 속에서 삶이 더 단단해진다.

예전에는 하루를 마무리하는 밤에 주로 썼다. 밤에는 피곤하기도 하고 반성하다 보면 온통 감성적인 말들이 많다. 하지만 아침에 일기를 쓰면 사용하는 언어 자체가 다르다. 정신이 깨어나는 아침에는 희망적인 단어들과 앞으로의 다짐들이 가득하다. 용기와 도전의식이 생겨나서 펜을 굴리며 쓰고 있으면 기분이 좋아진다. 앞으로 어떻게 살지, 나는 어떤 사람이 되고 싶은지 더욱 깊이 들여다보게 된다.

습관이 되어 요즘은 수시로 쓴다. 어디에나 기록을 남겨도 되지만 노트에 쓰는 게 좋다. 노트를 들고 다니면서 생각날 때마다 적었다. 손으로 쓰는 행위를 자주 반복하기 위해서였다. 피곤해서 볼펜을 잡기도 싫은 날에는 키워드만 메모해 두었다. 다음날 눈 뜨는 순간 바로 쓰기도 했다. 차츰 익숙해졌고 속도가 붙었다. 아무것도 없는 종이의 지면이 조금씩 채워지는 걸 보면 흐뭇했다. 그 느낌을 알 때까지 써보는 게 중요하다. 너무 형식을 생각하면 오래하기 힘들다. 몇 번은 시도할 수 있지만 조금 쓰다가 그만둘 가능성이 높다. 부담 없이 자유롭게 써야 오래간다.

쓰는 동안 조금씩 변화가 생겼다. 그 누가 아무리 말해도 들리지 않았는데 쓰다 보니 내 안의 소리가 들렸다. '이렇게 살면 안 되겠구나.' 정신이 번쩍 들었다. 앞으로 어떻게 살아야 할까. 마음을 가다듬고 책상에 앉아 꾹꾹 눌러 써 나가는 동안 방향이 보이기 시작했다. 약간의 힘과 용기가 생겼다.

그리고 사소한 일상에 의미를 부여하다 보면 매일이 소중해진다. 그 경험을 하면 아무리 피곤해도 일기를 거르지 않는다. 하루도 빠짐없이 일기를 쓴다는 것은 나를 지키는 일이다. 단 하루도 그냥 허투루 보내지 않겠다는 나와의 약속이다. 그런 약속이 쌓여갈 때 나답게 살아가는 힘도 길러진다.

무엇보다 행복해지기 위해 나는 매일 일기를 쓴다. 노트에 꾹꾹 눌러가며 7년째 일기를 쓰고 있다. 그렇게 매일 쓴 일기장들이 차곡차곡 쌓여 어느새 23권이 되었다. 처음에 쓴 노트들과 비교해 보면 그동안의 변화가 확연하게 느껴진다. 쓰다 보니 행복하고 특별한 일들이 자꾸 만들어졌다. 좋은 일들은 계속 선순환이 되어 영향을 미치는 것 같다. 일기를 쓰는 동안 많이 성장했고 삶이 긍정적으로 바뀌었다. 다양한 쓰기 활동 중에 일기 쓰기가 가장 의미 있는 일이 아닐까 싶다. 그렇게 매일 쓰면서 깨달았다. 일기의 힘이 얼마나 대단한지를.

일기의 위대함은 써본 사람만 안다

역사적으로 위대한 인물들 중에는 일기를 쓴 사람들이 많다. 벤저민 프랭클린, 마크 트웨인, 마르쿠스 아우렐리우스 등 그들의 업적을 보면 그 위대함의 기본에 일기가 있다. 그들은 짧은 시간이라도 자신을 돌아보는 시간을 가졌다. 그게 어떤 원대한 일을 이루어내는 작은 힘이 되었을 것이다.

일기하면 누가 먼저 떠오르는가. 일기에서 단연 빠뜨릴 수 없는 분이 바로 이순신 장군이다. 그는 전쟁 중에도 매일 일기를 썼다. 그가 쓴 '난중일기'는 기록이 얼마나 대단한지를 확실하게 보여준다. 무엇보다 날짜와 날씨가 정확히 쓰여 있다. 특별한 일이 없는 날에는 '그저 관가에 나와 일을 보았다.' 정도로 짧게라도 썼다. 때로는 똑같은 한 줄만 매일 반복할 때도 있었다. 목숨이 오락가락하는 위험한 전시 상황에서도 일기를 쓸 수 있었던 원동력은 무엇일까. 그는 집요하게 일기를 쓰며 마음을 다스리고 평정심을 유지했다. 그것이 수많은 전투에서 승리할 수 있도록 이끌어 준 힘이 되었다. '난중일기'는 특별한 게 없지만 임진왜란의 중요한 사초로 높이 평가된다. 한 사람의 일기가 이토록 대단하다.

무엇보다 그의 위대함은 그 내용보다도 매일 일기를 쓴 것에 있다. 전쟁 중에도 매일 일기를 썼다는 게 놀랍다. 지금 상황은 그보다 낫지 않은가. 언제 죽을지 모르는 상황에서 나치의 만행을 글로 쓴 소녀, 안네의 일기를 기억한다. 고통 중에도 일기를 썼고 마침내 역사의 중요한 자료로 남게 되었다. 극한의 고통 중에도 현실을 마주하고 일기를 써내려간 그들을 보면 그저 경외롭다.

실존주의 철학자 키에르케고르는 코펜하겐 대학생 시절 일기에 이렇게 썼다. '온 세계가 무너진다고 하더라도 이것만은 붙들고 놓을 수가 없다. 이것을 위해 살고 이것을 위해 죽겠다고 하는 나의 목표를 찾아야 한다.' 20대의 일기에 이런 말을 남겼으니 역시 남다르다. 지금 나는 무엇에 목숨을 걸 것인가. 죽을 각오로 임할 어떤 목표가 아니어도 그저 일상에서 작은 변화라도 생기면 좋지 않은가.

일기는 가끔 생각날 때 쓰곤 했다. 그러다 세 줄 일기를 알게 되고 조금씩 해나갔다. 쓰면서 앉아 있는 시간이 즐거워졌다. 바쁜 하루를 돌아보며 잠시 숨을 고를 수 있는 그 시간이 좋았다. 어느새 차츰 적응이 되었다. 일기라고 생각하고 적으니 일관성이 생겼다. 무엇보다 가볍게 시작하니 할 수 있었다. 세 줄 일기가 주는 효과를 실감했다. 쓸수록 일기에 관심이 생겨서 찾아봤다.

세상에는 일기를 쓰면서 삶의 변화를 일구어낸 사람들이 많았다. 특히 글을 쓰려면 일기 쓰기는 기본이다. 오랫동안 꾸준히 일기를 쓰면서 필력을 길러온 작가들이 많다. 그중에 김애리 작가님은 자타가 공인하는 일기 장인이다. 그녀의 글을 보면 오랜 세월 동안 일기가 삶에 얼마나 많은 영향을 미쳤는지 알 수 있다.

"우울하고 막막하고 두려웠지만 바늘구멍만한 가능성에 집중하며 '나는 다르게 살겠어. 그리고 그 시작으로 일기를 쓰겠어.' 하고 결심하던 그 순간이었다. 10대 후반부터 쓰기 시작한 일기는 20대 내내 나를 지탱하는 힘이 됐다. 이 세상에 나보다 절실한 사람도 나보다 치열한 사람도 없는 것처럼 매일 그렇게 일기를 썼다. 그 말은 곧 매일 나를 들여다보고 고민하는 시간을 가졌다는 의미다. 여행지에서도 몸살에 시달리면서도 중요한 시험 기간에도 연인과 이별한 날에도 일기를 썼다." - 김애리, 『열심히 사는 게 어때서』

최근까지 21년간 매일 일기를 써온 저자는 얼마나 단단한 사람이 되었을까. 치열하게 고민하고 노력한 결과물, 그 삶의 흔적이 들여다볼수록 감동으로 다가왔다. 그 일기는 분명 글 쓰는 삶의 토대를 마련해 주었을 것이다.

바람의 딸, 이화여대 국제대학원 교수, 세계시민학교 교장, UN 자문위원 등 수많은 수식어를 가진 한비야도 이런 말을 했다. "일기가 아니었다면 나는 굉장히 시니컬한 사람이 됐을 것이다. 일기 덕분에 나는 여기까지 올 수 있었다. 말하자면 나는 일기장의 최대 수혜자였다. 어떤 단어든, 문장도 좋으니 자기 생각을 펜을 통해 써볼 것." 이에 덧붙여 일기를 쓰라고 강조한다. 그녀의 옛날 일기장에는 '어떻게든 참고 견디자. 이 고비는 넘길 것이고, 나는 더 단단해질 것이다.'라는 글도 적혀 있다. 그토록 다양한 일을 하면서도 일기를 쓰면서 자신에 대해 생각하는 시간을 많이 가졌다.

"나라는 꽃을 활짝 피우기 위해서는 내가 어떤 사람인가를 아는 게 무엇보다 중요하다. 나는 누구인가? 무엇이 내 가슴을 뛰게 하고 내 피를 끓게 하는가?" – 한비야, 『1그램의 용기』

나를 들여다보는 이런 성찰이 있었기에 글을 쓸 수 있었다. 그녀가 그동안 수많은 책을 쓴 것은 일기장 덕분이다. 자신의 생각을 글로 표현하는 수단 중 가장 쉽게 할 수 있는 게 일기다. 많은 글에서 일기를 쓰라고 강조하고 있다. 왜 그토록 일기를 쓰라고 하는 것일까.

일기의 위대함은 써본 사람만이 안다. 많은 사람들이 혼자 있음을 두려워한다. 인터넷과 메신저를 통해 늘 연결되어 있으면서도 불안해하고 외롭다. 무엇 때문인지 늘 분주하다. 단 5분이라도 방 안에 혼자 앉아 자신과 마주할 시간이 없는 것 같다. 쓰다 보면 홀로 남겨지는 자체도 즐겁다. 혼자 즐길 수 있는 사람은 여럿이 되더라도 불편하거나 힘들지 않다. '따로 또 같이'라는 말처럼. 사람들과의 만남은 혼자 보내는 시간의 연장선인 셈이다. 혼자 있는 시간의 힘은 결국 내면의 성장을 의미한다. 그런 성장을 통해 길러진 자신감은 오래간다. 그런 의미에서 일기를 오래 써온 사람은 대단한 내공의 소유자다.

오늘의 일기 쓰기. 특별한 형식은 없다. 일과를 나열하는 대신 인상적인
순간을 포착해서 그것에 대한 내 생각을 몇 줄만 적어보자.

조금씩 쓰면서 슬럼프도 이기고

*

춤추는 별을 잉태하려면 반드시
스스로의 내면에 혼돈을 지녀야 한다.

– 프레드리히 니체

우리는 '열심히'라는 말을 자주 쓴다. "공부 열심히 해.", "열심히 하세요!!" 누군가를 응원할 때나 지나가는 인사말로 종종 그런 말을 한다. 그런데 열심히 하는 게 무조건 좋은 걸까. 열심히만 하면 다 해결되는지. 가끔은 그 결과가 궁금해진다. 분명 열심히 했는데도 답이 없을 때가 있지 않은가. 어떤 일을 할 때 목적을 분명히 정해야 한다. 그래야 힘을 내고 나아갈 수 있다.

목적이 있어도 어떤 일을 끝까지 해나가는 게 만만치 않다. 그런데 그 목적마저도 없다면 얼마나 힘들까. 분명한 목적이 없으면 쉽게 지친다. 계속 하더라도 재미가 없고 성과도 눈에 안 띈다. 주어진 일만 묵묵히 하면서 늘 변함없는 생활을 이어갈 뿐이다. 그렇게 열심히만 하다가 끝난다. 가끔은 열심을 내기 이전에 왜 하는지 점검하면서 상황을 돌아봐야 한다.

목적을 가지고 열심을 내다가도 가끔은 힘든 순간이 온다. 내 의지대로 안 되는 날은 언제든 찾아온다. 살아온 날들보다 살아갈 날들의 무게가 더 크게 느껴질 때가 있다. 그냥 두 눈을 뜨고 있다 보면 살아지는 날들의 연속! 그렇게 오늘이 가고 특별한 일이 없는 한 다시 내일이 올 것이다. '지금 이대로 살다가는 그냥 숨 쉬고 그 자리에 존재한다는 이유로 관성처럼 나이만 먹게 되겠구나.' 그런 생각이 들었다.

이토록 정확하게 흐르는 시간의 끝에 무엇이 있을지는 아무도 모른다. 세월이 가면 나는 어떤 모습으로 살고 있을까. 그때의 나는 오늘의 내가 아닐 텐데. 무엇을 좇으며 어디에 목적을 두고 살아야 할 것인가. 그런 생각을 하면 '아, 내가 뭘 하고 있나.' 싶기도 하다. 때론 온갖 불안들까지 스멀스멀 올라온다.

한번 시작된 불안은 끝도 없이 부정적인 생각으로 이어진다. 사람은 의미를 먹고 사는 존재라고 한다. 인생에서 의미를 잃으면 아무것도 하기가 싫어진다. 무기력한 상태의 가장 흔한 예가 잠이다. 평소보다 늦게 자고 많이 자게 된다. 문제를 회피하고 싶어지고 해결할 능력이 없다는 생각에 그저 잠을 찾게 된다. 그렇게 무기력하게 있다가 갑작스레 슬럼프가 찾아온다. 계속되는 이런 행동은 마음을 더욱 괴롭게 할 뿐이다.

부지런히 움직이고 열심을 내다 어느 순간 번아웃이 찾아온다. 그럴 때 어떻게 견딜 것인가. 자신을 일으켜 세울 만한 방법 한두 개 정도는 가지고 있는 게 좋다. 그러면 한결 가볍게 지나갈 수 있다. 평소에 관심 가는 것들이나 취미 생활도 좋다. 하지만 마음이 정말 힘들 때는 그런 것도 소용이 없다. 차라리 아무것도 하지 않는 게 나을 때도 있다.

비 오는 어느 날이었다. 천둥 번개를 동반한 엄청난 국지성 호우가 강하게 쏟아졌다. 퇴근을 해야 하는데 현관에 발이 묶여 오가지도 못하는 상황이 되었다. 처음에는 마음이 급해졌다. 빨리 집에 가서 해야 할 일들이 떠올랐다. 분주하게 발을 동동 구르다가 어느 순간 마음을 내려놨다. 어차피 조급하게 나서봐야 소용없는 일이었다. 그 자리에 서서 가만히 비 구경을 했다. 마음을 내려놓으니 빗소리가 경쾌한 음악처럼 들렸다.

'빗소리를 차분하게 들어본 지가 언제인가.' 자연의 연주를 가만 듣고 있으니 마음이 조금 차분해졌다. 비슷한 상황의 영화 장면들도 스쳐 지나갔다. 쉴 새 없이 내리는 비를 멍하니 바라보고 있었다. 그 사이 다른 일들은 생각도 안 났다. 세차게 퍼붓던 비는 30분 만에 그쳤고 바닥으로 줄줄 흘러가는 물줄기가 보였다. 그 덕분에 다른 일들은 잠시나마 잊을 수 있었다. 물길 고인 길을 걸으며 살짝 아쉬움도 들었다.

'비가 지나가길 기다렸는데 정작 그쳐서 아쉬움이 들다니. 살다 보면 심각한 문제들도 저 한차례 퍼붓는 소나기처럼 별것 아닐 수 있겠구나.'

비가 와서 걸음을 멈춘 덕분에 한줄기 깨달음을 얻었다. 소나기가 퍼붓는 날도 충분히 즐거울 수 있다는 것과 내가 어디로 가는지 멈추고 살피는 시간이 필요하다는 것을. 복잡한 문제들도 지나가면 별것 아니다. 저 소나기처럼 지금 눈앞에 있기 때문에 당장 힘들고 커 보이는 것이다. 너무 '열심히'만 살지 말고 잠시나마 멈추어 서서 생각하는 시간을 가져야 한다. 슬럼프는 내가 가고 있는 방향이 맞는지 살펴보는 시간이다. 무언가를 분주하게 하는 시간만 필요한 건 아니다. 때론 아무것도 하지 않는 강제적인 휴식도 있어야 한다.

'인생이란 폭풍이 지나가길 기다리는 것이 아니라 빗속에서도 춤을 추는 것이다.' 이 말을 마음에 새겨보자. 고통이 지나가기를 기다리고 있으면 얼마나 더 아플까. 빗속에서도 춤을 추는 사람, 그것을 온전히 즐기는 사람이 멋진 시간을 보낼 수 있다. 삶의 목적이 무엇이든 간에 지금 이 순간을 즐기는 사람이 되어야 한다. 소나기가 그치고 아쉬움이 남지 않도록 말이다.

세상 모든 것은 좋은 것도 나쁜 것도 없다. 결국 자기 해석의 문제다. 어떤 생각으로 이 시간을 보내느냐가 중요하다. 윈스턴 처칠은 '비관론자는 모든 기회에서 어려움을 찾아내고 낙관론자는 모든 어려움에서 기회를 찾아낸다.'라는 말을 남겼다. 오늘 하루를 어떤 마음으로 살지는 자신에게 달려 있다. 생각과 태도를 조금만 바꾸면 된다. 살다 보면 다양한 계절이 의지와는 다르게 계속 반복된다. 그때가 오더라도 마음가짐에 따라 달라질 수 있다.

슬럼프도 마찬가지다. 열심히 노력하는 사람만 '슬럼프'라는 단어의 의미를 안다. 아무것도 안 하면 그 단어를 쓸 일도 없다. 슬럼프에 빠져본 적이 없다는 것은 열심히 노력해본 적이 없다는 말이다. "슬럼프를 극복하는 방법은 매일 반복하는 일을 똑같이 지속하는 것이다." 야구선수 스즈키 이치로가 한 말이다. 슬럼프에 빠졌을 때도 자신이 하던 일을 매일 반복할 수가 있을까. 때로는 일에 빠져서 그 힘든 순간을 잊을 수도 있다. 하지만 온전한 대안이 될지는 모르는 일이다.

슬럼프가 오면 내 말을 들어줄 사람이 필요하다. 누군가 내 말을 들어만 주어도 마음이 편해지니까. 언제든 내 생각을 들어줄 사람이 주변에 있으면 다행이다. 하지만 다들 여유가 없고 바쁘다. 내가 원하는 시간에 함께하기는 어렵다. 뚜렷한 대안이 없을 때는 찾으려고 고민하지 말자. 방황하는 시간에 일단 종이를 꺼내 무엇이라도 쓰는 게 낫다.

짜증과 걱정, 불안하고 답답한 마음들을 종이에 적어보자. 자신도 모르게 감정이 요동칠 때 폰을 들고 이야기하는 것은 당장에 큰 도움이 되지 않는다. 괜히 후회하는 말을 남길 수도 있다. 그럴 때는 펜을 들고 낙서라도 해보자. 누군가에게 말하기가 꺼려진다면 적어보는 게 도움이 된다. 고민들을 생각만 하고 있으면 더 복잡해지기만 할 뿐이다. 쓰면 걱정의 실체들이 보인다.

종이에 쓴다고 걱정거리가 당장에 없어지는 것은 아니다. 하지만 일단 밖으로 끄집어내기만 해도 상당히 편해진다. 힘든 사람에게는 자신에게 처한 감정이 제일 무겁다. 사실 들어준다는 것은 내 마음을 그냥 받아주는 것이다. 하나씩 쓰면서 내 마음을 들여다보는 것만으로도 한결 낫다. 마음에서 흘러나오는 그대로 쓰면 된다.

쓰기에는 놀라운 힘이 있다. 손으로 쓰는 것은 마음을 진정시켜주는 효과가 있다. 종이에 감정을 쏟아내다 보면 불안함이 어느 정도 가라앉는다.

머리가 개운해지고 기운이 생기면서 기력도 회복된다. 그 사이 무엇이 문제인지 좀 더 명확하게 볼 수 있다. 손을 움직이는 동안 몸도 마음도 가벼워지고 긍정적인 힘도 만들어진다.

힘들어도 꾸준히 쓰면 도움이 되는 순간이 있다. 나중에 비슷한 상황이 되었을 때 다시 보면서 한 발짝 용기를 낼 수 있다. 노트에 남겨진 글은 누구보다 내 상황을 잘 알기에 그 어떤 것보다 위로가 된다. 자신의 생각이 어떻게 전개되었는지 알 수 있어서 더욱 그렇다. 어려운 순간에 어떻게 극복해 나갔는지 과정을 보면 힘이 된다. 그렇게 부지런히 쓰고 노력하는 과정에서 에너지가 생겨난다. 누군가는 그 에너지 덕분에 용기를 얻고 좀 더 힘을 내기도 한다. 그러니 기록을 통해 삶의 발자취를 남겨야 한다.

일이 잘 풀리지 않거나 스트레스가 한가득 몰려올 때는 내 마음을 기록하자. 머릿속에만 두면 불안한 실체를 알 수가 없다. 쓰다 보면 알게 된다. 문제는 우리가 생각하는 것만큼 심각하지 않다는 것을. 노트에 감정들을 담아내면서 나를 먼저 살피고 좋은 기운을 많이 만들어야 한다. 그로 인해 주변 사람들도 함께 웃을 수 있도록.

한 걸음씩 성장하는 삶이 되도록

*

사람들은 시간이 모든 것을 바꾸어 준다고 말하지만,
실제로는 당신 자신이 모든 것을 바꾸어야 한다.

– 앤디 워홀

나는 성공도 좋지만 무엇보다 성장하고 싶었다. 어제보다 나은 내일을
위해 변화가 절실했다. 약간이라도 변화를 시도하지 않으면 늘 그 자리에
머물러 있을 것 같아 두려웠다. 매일 바쁘게 살다 보면 가끔 이 방향이 맞
나 싶을 때가 있지 않은가. 어디로 가는지 생각하지 않으면 많은 것을 놓
치게 된다. 내가 무엇을 하고 있는지, 무엇을 위해 살아가고 있는지 생각
할 틈조차 나지 않는다. 삶의 방향이 흔들리는 시기는 문득 찾아온다. 그
럴 때 방향을 잡아주고 계획대로 일상을 이끌어주는 힘을 가진 것이 바로
'메모'다. 메모에 관한 책들을 찾아 반복해서 읽으며 '나도 그들처럼 메모

하는 사람이 되자.'고 결심했다.

성장하려면 좋은 것들을 모방해서 자기 것으로 삼아야 한다. 요즘은 온라인으로 쉽게 강의를 들을 기회가 많다. 그 내용을 흘려버리지 말자. 강의를 듣는 것에서 끝나면 의미가 없다. 자신만의 스타일로 정리해서 어떻게 적용할지를 생각해야 한다. 그래야 생활에서 약간의 변화라도 나타난다. 먼저 조금씩이라도 메모하고 쓰는 일에 집중해 보기로 했다.

책이나 기사들을 보다가 마음에 드는 문장이 있으면 하나씩 메모했다. 특히 기록에 관한 글귀와 명언들을 눈에 보이는 곳에 크게 써두었다. 자주보다 보니 어느새 마음에 새겨졌다. 메모하지 않을 때는 몰랐는데 그 힘은 생각보다 강했다. 오래 읽을수록 그 문장들이 친근하게 다가왔고 자꾸 말을 걸며 행동을 지속할 수 있도록 이끌어 주었다.

관심을 가지고 보니 세상에는 메모로 삶의 변화를 일구어낸 사람들이 많았다. 메모에 있어 특히 스포츠 분야를 빼놓을 수가 없다. 성장과 변화는 기록하지 않으면 알 길이 없다. 부지런히 적어야 자신의 위치를 파악할 수가 있다. 선수들에게는 작은 변화들도 중요하다. 경기나 훈련 과정에서 일어난 실수들도 놓치면 안 된다. 매순간이 실전이고 경험으로 쌓이기 때문에 반드시 적어야 한다. 실력을 개선해 나가는 과정에서 발견하는 노하우를 꼼꼼히 기록해 두면 자신만의 좋은 자료가 된다.

여자 프로골프의 메이저 퀸으로 불리는 김인경 선수는 초등학교 2학년 때 골프채를 잡았다. 이후 지금까지 20년 동안 골프 다이어리를 써왔다. 그동안 20권이라는 엄청난 기록 자료를 남겼다. 나만의 분야에서 이만큼의 자료가 쌓인다는 것은 실로 대단한 내공이다. 이런 노력이 그녀가 어떤 사람인지를 대신 말해준다. 그녀가 모든 힘든 순간들을 견딜 수 있었던 것은 꾸준히 써온 노트 덕분일 것이다.

노트를 쓰면 성장이 일어난다. 자신이 이루고 싶은 목표를 기록하고 그것을 이루기 위해 필요한 과정을 메모하자. 그러다 보면 어떤 추진력이 생긴다. 막연하게 머릿속으로 생각만 하는 것과는 다르다. 하나의 기록은 거기서 멈추지 않고 앞으로 나아가는 발판이 되기도 한다. 목표와 과정을 메모하면서 노하우가 생겨 변화를 만들어내기 때문이다.

어디에서도 구할 수 없는 나만의 노트가 있다는 건 멋진 일이다. 그 속에 내용이 어떠하든 간에 가치를 지닌다. 메모하면 혼자 조용히 보내는 시간이 많아진다. 그냥 스쳐 지나보내던 일상의 생각과 경험을 기록하면서 나 자신의 모습을 보게 된다. 그 시간을 통해 생각을 구체화하고 행동하다 보면 자신이 원하는 삶을 살 수 있는 강력한 힘을 얻게 된다. 외부에 의해 흔들리는 삶이 아니라 주체적인 생활을 만들어나갈 수 있다. 그때 비로소 삶이 변화하기 시작한다. 그러니 어떻게든 써두는 게 중요하다. 아무리 사소한 메모라도 차곡차곡 쌓이면 다르다. 꾸준히 쓰다 보면 인생을 한 방향으로 이끌어 줄 로드맵을 만들 수도 있다. 메모하지 않으면 내가 어디로 가는지 명확하게 알 수가 없다. 그런 면에서 자기 경영의 기본이 된다. 자기 스스로를 경영하는 데 있어서 메모만큼 중요한 것은 없다.

메모는 인생에서의 성공에도 영향을 준다. 메모하지 않고 성장하는 것은 드물다. 성장하는 삶, 그 중심에는 메모가 있다. '오늘의 작은 메모가 내일의 기적을 이룬다.' 이 말을 기억하자. 사실 메모할 때는 잘 모른다. 그러나 그 하나의 기록이 중요한 자산이 될 수도 있다. 그러니 성장하는 삶을 위해서는 메모하는 습관을 만들어야 한다.

기록으로 평범한 일상에 가치를 더하자

*

동트기 전에 일어나라. 기록하기를 좋아하라. 생각이 떠오르면 수시로 기록하라.
기억은 흐려지고 생각은 사라진다. 머리를 믿지 말고 손을 믿어라.

– 다산 정약용

기록이 중요하다는 건 잘 안다. 머리로 생각은 해도 막상 앉아서 쓰려면
귀찮을 때가 많다. 굳이 기록이 아니어도 주변에 재미난 일들은 많다. 잠
시 살펴보다 시간 가는 줄 모르고 빠져드는 흥미로운 영상은 넘쳐난다. 그
런데 쓰는 일은 시작부터가 힘들다. 마음을 먹어도 잘 안 된다. 누구나 바
쁘지만 틈을 내어 부지런히 쓰는 사람들이 있다. 그들은 일과 중에 시간을
정해 두고 쓰려고 노력한다. 그렇게 한 줄이라도 남기려고 애쓰는 것은 그
쓰는 행위가 얼마나 소중한지 알기 때문이다. 기록의 가치를 알기에 그냥
넘어가지 않는다.

한 사람이 성실하게 살아온 흔적을 어떻게 알 수 있을까. 아무리 열심히 살아도 기록하지 않으면 오래 간직할 수 없다. 오직 기록을 통해서만 가능하다. 기록을 해야 온전하게 전해진다. 시간이 지나면 단순한 과거가 아니다. 쓰는 사람에게는 소중한 하루로 기억된다. 기억은 희미하지만 기록하면 더욱 선명해지기 때문이다.

오래 전 초등학교 때 쓴 일기를 본 적이 있는가. 젊을 때 썼던 문장들을 우연히 다시 보면 어떤 느낌이 드는가. 그때의 감정을 떠올리면 자신이 얼마나 달라졌는지 보인다. 그 시절이 생생하게 다가오는 이유는 기록으로 남겼기 때문이다. 기록으로 남기지 않으면 알 수 없는 것들이 많다.

지금의 삶이 무의미하고 지루하다면 이유를 생각해보자. 그건 나이가 들어서도, 성실하지 않아서도 아니다. 생각과 감정에 의미부여를 하지 않아서다. 어떤 사물이나 사람에 대해 무관심한 태도 때문이다. 사실 그것만큼 지루한 일은 없다. 사람은 호기심을 가지고 알아가는 재미를 느낄 때 행복함을 느낀다. 별것 아닌 일도 생각과 느낌을 담아 기록하면 특별한 일이 된다. 그 재미를 느껴보면 쓰고 싶어진다. 일상에서 스쳐 지나가는 작은 일들이 다르게 보인다. 소소한 것들도 그냥 넘어가지 말고 기록으로 남겨보자.

기록하는 사람의 일상은 남다르다. 어디서든 펜을 들고 있으면 빈틈없는 생활을 할 수 있다. 쓸데없이 버려지는 시간이 그만큼 적다. 의미 없이 보내는 날들이 줄어든다. 같은 시간을 살지만 더 많은 날을 사는 듯한 느낌이 들기도 한다. 시간을 알차게 활용하고 잘 관리한 덕분이다. 기록하기 위해 관심을 가지고 볼수록 온통 쓸거리가 눈에 보였다. 놓칠 수 없는 순간들이 많았다. 사소한 것들조차 흘려보내지 않으니 매사에 집중도가 높아졌다. 집중해서 일하고 부지런히 움직이니 이전보다 성실해졌다. 지금 마주하고 있는 상황이 이토록 소중하다니. 하루라는 시간이 가치 있게 다가왔다.

기록하면 나를 알아가는 시간이 많아진다. 가장 많은 대화를 나누는·사람이 누구인가. 누가 나에 대해 말해 줄 것인가. 남은 아무리 이야기를 나누어도 나를 잘 알지는 못한다. 자신을 세밀하게 들여다보지 않으면 무엇을 좋아하는지, 어떤 것에 소질이 있는지 알 수 없다. 아무리 찾아 다녀도 내 관심사와 흥미가 무엇인지 모른다. 내가 가진 장점, 좋아하는 것들을 하나씩 쓰면서 나를 발견하게 된다. 자신과 오랫동안 대화를 나누는 사람은 다르다. 기록을 통해 자신을 좀 더 객관적으로 볼 수 있다.

지인과 나누었던 대화, 먹었던 음식, 무얼 했는지 기록하지 않으면 기억에 남지 않는다. 사진 한 장이 많은 것을 담아낼 수는 없다. 특별했던 순간조차도 그 느낌을 정확하게 끄집어내기는 힘들다. 어렴풋이 그 순간의 분위기나 마음에 남는 대화 몇 조각만 남는다. 그런데 그것도 오래갈 수 있을까. 시간이 지날수록 소중한 건 소소한 행복들이다. 그런 행복들을 더 오래 간직하며 살기 위해서라도 중요한 순간들을 글로 남겨야 한다.

어떤 사람이 부자인가. 가진 것이 많은 사람보다 경험이 많은 사람이 진정한 부자다. 그 경험은 기록을 통해 더욱 의미 있는 일로 남는다. 기록은 평범한 일상에 가치를 부여해 준다. 가치가 담긴 오늘이 모여 내일이 만들어진다. 지금 쓰는 기록이 쌓이면 온전한 내 역사가 된다. 그 시간들이 모여 미래로 연결된다. 펜을 들고 쓰는 것은 현재지만 미래를 사는 것과 같다. 그러니 지금과 다른 인생을 살고 싶다면 기록해야 한다.

하루가 어떻게 지나가는지 모를 정도로 바쁘게 살고 있는가. 중요하지 않은 일들에 밀려 내 마음을 챙기는 일이 밀려나고 있지는 않은지. 무엇에 그토록 마음을 뺏기고 사는지 잠시라도 고요히 앉아 하루를 돌아보자. 매일은 특별할 게 없다. 늘 하던 대로 움직이고 어제와 비슷한 생각을 하며 산다. 하지만 기록으로 남기면 다르다. 많은 날 중에서 특별한 하루가 된다. 종일 내 머릿속을 스쳐가는 생각들을 그냥 두지 않아야 한다. 그 생각에 감정을 담아 내 언어로 남겨두는 일은 무엇보다 의미 있는 일이다.

기록으로 남기지 않은 하루는 왠지 텅 빈 것 같다. 아무리 성실하게 살

앉어도 시간이 흘러 그 순간들을 재생할 수가 없다. 사람의 기억은 온전하지 못하다. 그렇기에 오롯이 나의 흔적을 남기는 일은 중요하다. 그만큼 헛되이 보내지 않았음을, 이렇게나 충실하게 살았음을 노트가 증명하는 것 같다.

오늘이라는 시간 속에서 무엇을 남길 것인가. 하루 동안 보고 들은 것들, 그 속에서 얻은 한 줄의 깨달음, 소소한 경험들을 그냥 두지 말자. 자신의 생각과 느낌을 문자로 기록하는 일은 그 자체로 의미가 있다. 무엇이건 간에 어떤 식으로든 쓰는 게 중요하다.

글로 적는 순간 긍정적인 작용이 일어난다. 지금 쓰는 내용이 가져올 효과는 당장에 알 수가 없다. 하지만 써보면 안다. 시간이 지나 상상 그 이상의 뭔가를 가져다 줄 수도 있다. 오늘의 몇 줄 반성이 다음에는 더 큰 용기가 될지도 모른다. 나중에 그 기록으로 인해 웃을 수도 있다.

오늘 누군가를 만났는가? 함께 나누었던 대화나 먹었던 음식을 적어보자. 기억이 잘 안 나면 간단한 키워드를 남기는 것도 좋다. 혼자였으면 무얼 하며 보냈는가? 잘했던 일이나 아쉬운 점을 써보자.

5장   다양한
          방법들을
          찾다보니

도대체 무엇을 기록할 것인가

스스로 한 귀중한 성찰은 되도록
빨리 적어두어야 한다.

– 쇼펜하우어

무엇을 어떻게 쓸까. 하얀 종이나 모니터 화면을 보면 난감할 때가 있다. 평소 쓰지 않는 사람은 그 순간 무슨 생각이 들까. 과연 이 한 페이지를 채울 수나 있을지 막막해진다. 별로 쓸 게 없어서 한 줄 쓰기조차 힘들다. 그럴 때일수록 자주 노트를 펴야 한다.

내가 머무는 가까운 곳에 무엇이 있는지 둘러보자. 눈에 띄는 곳에 뭐가 있는지가 중요하다. 그에 따라 습관이 바뀐다. 폰이 있으면 수시로 폰을 들여다보게 된다. 노트가 있어야 뭐라도 쓰게 된다. 자주 쓸 수 있도록 가까이 노트를 두는 게 좋다. 무엇이든 자주 보면 익숙해진다. 일단 펴고 하나를 쓰기 시작하면 생각은 떠오른다. 펜을 들고 있다 보면 쓸 게 생긴다.

자동차 회사를 세운 월터 크라이슬러는 "가장 엄격한 공사 감독은 매일 매일 해야 할 일을 적는 일이었다."라는 말을 남겼다. 때론 그저 매일 자신이 해야 할 일을 적는 것만으로도 충분하다. 어릴 적에 어른들은 항상 달력에 뭔가를 기록하셨다. 굵직한 글씨로 찍어낸 달력들은 쓰임이 참 많았다.

그때는 메모지가 따로 없었다. 잘라서 메모지로도 쓰고 연습장으로도 썼다. 소소하게 신경 쓸 일이 참 많으니 쉽게 보이는 달력에 적어 두셨다. 주로 달력 뒷면이나 날짜 칸 밑에 중요한 일들을 적어두는 걸 많이 봤다. 농사를 지으면서 별걸 다 기록했다. 거름, 농약, 씨 뿌리는 날 등에서부터 지인들의 경조사나 날씨까지 상세하게 적었다. 그걸 모으면 한해의 일지가 되었다.

그런 메모들은 전화번호부까지 이어졌다. 장부처럼 큼직한 노트에 전화번호만 있는 게 아니었다. 온갖 주변 정보들, 생활의 지혜까지 다 있었다. 지금은 폰에 저장하지만 직접 손으로 다 적었다. 돌아보면 그런 자료들이 참 귀하다. 평범한 일상도 앞으로의 일정을 계획하는 데 중요한 자료가 되기도 했다. 잊지 않으려면 메모는 필수라는 걸 아셨던 거다.

삶은 그때보다 나아졌는데 다들 그때보다 여유가 없다. 종일 인터넷으로 검색하고 기사를 보느라 바쁘다. 중요한 소식, 검색한 것들도 그냥 읽고만 지나기에는 아쉽다. 소중한 일상과 넘쳐나는 정보들을 버려두지 말고 한 줄이라도 남겨보면 어떨까. 일과 중 의미 있었던 일을 적어본다. 자신이 경험한 걸 모두 쓴다는 각오로 적어보자.

처음에는 가볍게 낙서하듯 써본다. 그런 과정을 반복하면서 쓸거리를 찾게 된다. 자꾸 하다보면 일상에서 스쳐가는 것들, 작은 것에서도 이야기를 건져 낸다. 똑같은 상황조차도 다르게 보는 눈이 생기는 것이다. 찾는 노력을 하지 않으면 보이지 않는다. 관심을 두지 않았기에 아무리 가까이 있어도 볼 수가 없다. 글로 남기기 위해 관찰하다 보면 온 감각이 살아나는 걸 느낄 수 있다.

사소한 것에도 관심을 두자. 자신의 하루 상태나 기분, 생활 속에서 얻은 깨달음을 써본다. 좋은 말을 들을 때마다 기록해두면 기운 없을 때 충전이 된다. 칭찬을 하거나 받는 데 인색한 사람은 더욱 그 순간들을 적어두자. 그 기록을 볼 때마다 자존감이 올라갈 것이다.

사람에 대해서도 무슨 말을 했는지, 그 사람이 어땠는지를 적어둔다. 가끔 아이들과 대화를 할 때 기특한 말, 새로운 표현에 놀랄 때가 있다. 나름 진지한 대화에 공감하고 뿌듯한 순간도 있다. 그런 대화를 적어두면 당시의 상황을 생생하게 떠올릴 수 있다. 어록을 만드는 기분으로 쓰다 보면 그 사람이 달리 보인다. 한 사람을 알아가는 일은 시간이 필요하다. 쓰면서 관심을 가지고 보게 되고 더 세밀하게 알 수 있다. 쓰는 동안 애정과 관심이 더욱 생긴다. 그 순간들을 많이 남겨두자.

책을 읽다 보면 살아가는 데 힘이 되어주는 좋은 말들, 명언들이 많다. 명언은 삶을 성찰하게 해주는 힘이 있다. 그런 문장들은 반드시 기록해야 한다. 적어야 변화가 생긴다. 하나씩 쓰다보면 그 말을 따라 명언대로 행동하게 된다. 읽고 생각하는 동안 떠오르는 아이디어, 감명 깊은 문장을 내 생각과 함께 정리해 둔다. 그 생각들이 삶을 지탱하는 원동력이 된다.

영화를 보고 나서 '이달의 영화' 리스트를 만든다. 맛집을 찾아다니는 사람들은 어떤 곳을 방문했는지를 남긴다. 취향에 따라 이달의 특별 리스트를 기록해 둔다. 기록하는 재미와 더불어 안목까지 생길 것이다.

삶의 흔적들과 노하우들을 틈나는 대로 기록해보자. 별것 아닌 것들도 기록을 하면 다르다. 손으로 쓰면서 마음의 소리도 들을 수 있다. 지면에 가득 채워진 글들이 때론 위안이 되기도 한다. 처음에는 쓸 게 별로 없지만 쓰다 보면 많아진다. 그 기록들이 많아지면 엄청난 정보, 가치 있는 자료가 된다. 또한 꾸준한 기록은 성장의 원동력이 되어 준다. 차곡차곡 쌓여가는 기록들을 보면서 뿌듯함을 느껴보면 좋겠다.

우리는 어떨 때 기분이 좋은가. 어떤 순간이 나를 설레게 하고 웃음 짓게 하는지. 무엇을 할 때 기쁜지 잠시 떠올려보자. 아무리 정신없이 지나가는 하루라도 생각해 보면 그런 순간이 있을 것이다. 향긋한 커피 한잔, 우연히 올려다 본 파란 하늘, 마음을 따뜻하게 하는 좋은 기사들. 그로 인해 한순간 기분이 좋아지는 때가 있다. 언제 그런 기분을 느끼는지 평소에 지켜 보면서 써두면 좋다.

사실 내가 무엇을 좋아하고 어떤 것에 관심을 두는지 모르는 사람이 많다. 마음이 가는 순간들, 정말 좋았던 기분은 지나가면 그때뿐이다. 그런데 기록으로 남겨두면 나만의 자료가 된다. 그걸 통해 자신을 발견하는 기쁨을 느껴야 한다. 우리가 사는 동안 같은 하루는 단 한 번도 없다. 그날의 감정, 날씨까지 모두 다르다. 어찌 보면 하루라는 시간 안에 인생의 모든 게 들어 있다. 하루를 잘 살아야 의미가 있다. 그 하루가 모여 인생이 되기 때문이다. 그렇게 열심히 살아온 날도 기록하지 않으면 다 사라진다. 기록을 통해 그가 어떤 삶을 살았는지 분명히 알 수 있다.

일상에서 일어나는 일들을 기록으로 남기는 것은 대단한 의미가 있다. 차곡차곡 모인 나만의 기록은 어떤 것과도 비교할 수 없다. 특별한 걸 쓰는 게 아니다. 별것 아닌 것 같은 하루가 기록을 통해 특별해진다. 써보면 그 시간들이 얼마나 소중한지 알게 된다. 평범한 삶이 기록으로 가치가 더해진다.

메모 잘하는 특별한 방법을 찾아서

똑같은 일을 비슷한 방법으로 계속하면서
나아질 것을 기대하는 것만큼 어리석은 일은 없다.

– 아인슈타인

　

요즘은 손 글씨를 찾아보기가 힘들다. 대부분 폰이나 디지털 기기로 해
결하니 손으로 쓸 일이 별로 없다. 그럴수록 더 쓰는 일에 집중해야 한다.
글씨에는 많은 게 담겨져 있다. 글씨만 봐도 사람의 성격이 어느 정도 짐
작된다. 뚜렷한 개성이 글씨 속에 묻어난다. 누구나 알아볼 수 있도록 깔
끔하게 정성을 다해 쓰는 사람이 있다. 반면 본인만 알아볼 수 있게 쓰는
사람도 있다. 이런 글씨보다 더 중요한 건 메모하는 방식이 아닐까 싶다.
메모를 보면 일하는 방식, 성향이 어느 정도 보인다. 어떤 일을 하든 간에
자신만의 메모하는 방법을 만들어 두는 게 좋다.

메모할 때는

1) 오른쪽 위에 날짜를 먼저 적는다.

장소와 시간까지 쓰면 더 좋다. 독일의 시인 괴테는 시 한 편을 완성하면 바로 아래에 날짜를 썼다고 한다. 날짜를 쓰면 시 한 편도 하나의 일기가 된다. 그날의 마음 상태가 그대로 시 안에 스며들기 때문이다. 그래서 그냥 작품이 아닌 하나의 의미 있는 기록으로 남는다.

아이들이 그림 그리는 걸 좋아해서 수시로 그린다. 집을 정리하다 보면 재미있는 그림들이 많다. 처음에는 그냥 두었는데 날짜의 중요성을 인식한 다음에는 그릴 때 꼭 날짜와 이름을 쓰라고 일러준다. 날짜를 쓰면 얼마나 성장했는지가 보인다. 그걸 모으면 발전하는 모습을 볼 수 있다. 꾸준히 하고 싶은 동기부여가 되기도 한다. 메모도 그렇다. 그냥 두면 낙서에 불과하다. 하지만 날짜를 써 두면 그대로 내가 살아온 기록이 된다. 메모하기 전에 먼저 날짜를 적는 습관을 들이도록 하자.

2) 문장 전체가 아닌 핵심 단어로 써야 한다.

꼼꼼하고 정확하게 해야 한다는 생각이 메모를 어렵게 한다. 메모를 통해 중요한 내용만 떠올릴 수 있으면 된다. '12월 10일. 첫 만남. 자전거' 이렇게 핵심단어만 써도 그날을 연상할 수 있다. 자세한 설명보다 간결하게 쓰는 게 좋다. 핵심 단어 중심으로 메모하는 게 필수다. 대화나 모임에서 들은 정보가 모두 의미 있는 건 아니다. 필요하지 않은 정보를 메모하는 건 시간낭비이며 에너지를 떨어뜨리는 일이다. 중요한 내용을 파악하고 핵심 단어를 골라서 기록하면 된다.

3) 색 볼펜으로 강조한다.

예전에 메모를 하지 않을 때는 거의 검정만 사용했다. 그렇게 해야 깨끗하게 정리를 잘하는 줄 알았다. 왠지 여러 가지 색상을 쓰는 것이 낯설고 지저분해 보이기도 했다. 모든 곳이 검정뿐이니 참 단조로웠다. 그저 깨끗하게 쓰는 게 잘 하는 건 줄 알았다. 하지만 색상이 주는 의미와 그 중요성을 알고는 습관을 바꾸었다.

자신만의 중요한 키워드나 내용이 눈에 띄도록 해 두는 것이 좋다. 보통 세 가지 색상의 볼펜을 가지고 다니며 활용해서 쓴다. 상대방의 말은 검정으로, 자신의 생각이나 느낌은 파랑, 핵심이나 주의 사항은 빨강을 사용한다. 색의 놀라움을 쓸 때마다 발견하게 된다. 시각 효과 뿐 아니라 내용을 쉽게 인식하게 해 준다. 더불어 정보 처리 속도도 빨라진다. 나중에 메모를 다시 읽어보면서 느낀 점이나 새로운 아이디어를 다른 색 펜으로 한 번 더 적어두는 것도 좋은 방법이다. 이렇게 다양한 색상이 노트 위를 채우고 있는 걸 보면 경외감마저 든다. 이토록 열심히 쓰다니. 공들여 쓴 흔적들이 얼마나 치열하게 썼는지 말해주는 것 같다.

4) 자신만의 양식을 정해 둔다.

중요한 내용이나 구체적인 방향들을 의논할 때가 있다. 듣는 순간에는 알 것 같다. 그런데 모임이 끝나면 무슨 말을 했나 싶을 때가 있지 않은가. '그때 우리 어떻게 하기로 했지? 그게 언제였나?' 하며 다시 묻기도 한다. 중요한 사항을 의논할 때는 요점을 재빨리 메모해야 한다. 그렇지 않으면 대화 내용은 금방 사라진다. 메모를 위해 기다려 주는 사람은 없기 때문이다. 정말 자신에게 필요한 내용만 메모할 수 있어야 한다. 이를 위해서 양식을 미리 정해 둘 필요가 있다.

스스로 정한 양식이 있으면 메모의 속도가 빨라진다. 이야기에 더 집중해서 들을 수 있는 여유도 생긴다. 모임에서는 참가한 사람의 수만큼 세로줄을 그어둔다. 모임하기 전에 미리 항목과 공간을 정해둔다. 사람들마다 공간을 구분해서 따로 구별되게 적는다. 내용뿐 아니라 표정이나 동작도 써두면 좋다. 상대의 감정과 기분을 더 알 수 있고 나중에 상황을 떠올리기가 쉽다.

　메모할 때 한 장에는 하나의 내용만 쓴다. 여백이 있더라도 한 장에는 하나의 주제만 담아야 한다. 그래야 필요할 때 쉽게 찾을 수 있다. 새로운 내용을 자꾸 추가하면 정리하기가 번거롭다. 하나의 주제가 담겨 있어야 활용하기 좋다. 그리고 회의한 내용은 나중에 다시 읽어봐야 한다. 처리할 일들을 다시 읽으면서 확인하면 비슷한 상황에서 참고할 수 있다. 회의 중에 했던 메모는 주제별로 정리한 다음 중요한 부분에 표시를 한다. 거기에 자신의 생각을 덧붙이면 더 좋은 자료가 된다.

　5) 기호는 많은 말을 한다.

　메모는 글자로만 하는 게 아니다. 너무 글만 있는 것보다 기호를 쓰면 흥미롭고 시각적으로 보기에도 낫다. 메모에 글자가 많을 필요는 없다. 문자로만 가득한 메모는 읽기도 힘들다. 그런데 잘 모르는 사람들은 글로 쓰느라 바쁘다. 써보면 때로는 글자보다 기호가 더 편할 때가 있다. 이모티콘이나 기호, 약자를 쓰는 게 좋다. 중요한 것은 ☆또는 ◎, 확인이 필요하거나 특히 인상적인 부분에는 ! 불분명하거나 의문점은 ? 전화와 관련된 것은 tel, 생각한 것을 적어둔 문장 앞에 O, #은 반드시 처리할 일 등 자신만의 기호를 정해 일관성 있게 한다. 기호나 암호를 잘 사용하면 쓰는 사람과 읽는 사람 모두에게 효과적이다.

화살표도 적절하게 이용한다. 화살표는 메모에 질서를 만들어준다. 그 선을 따라가면 생각이 어떻게 진행되었는지 흐름을 파악하기에 좋다. 논리적으로 이해하기 쉽고 연관성을 통해 내용을 쉽게 파악할 수 있다. 이렇게 자신만의 기호로 표시하면 속도가 빨라져 메모하는 시간도 절약된다. 머리가 정리되고 수첩에도 여유 공간이 생긴다. 읽기 편하고 쉬운 메모에는 기호가 있다.

메모에 약간의 요령은 있어도 특별한 방법은 없다. 생각을 자유롭게 적으면 된다. 거기에 쓰겠다는 마음과 약간의 시간만 있으면 된다. 무언가를 쓰려면 순간의 집중과 시간이 필요하기 때문이다. 당장에 귀찮다고 그냥 넘어가면 나중에 아쉽다. '그때 적어둘걸' 하는 순간의 아쉬움을 생각하자. 그러면 적어두는 게 마음이 편하다. 그런 의미에서 메모할 때 가장 필요한 건 부지런함인 것 같다.

삶을 채우는 오늘의 기록

메모를 잘하고 싶지만 잘 안 된다. 여기저기 분산되어 찾기 힘든 메모들이 많다. 생활 속에서 가볍게 할 수 있는 메모 방법들을 떠올려보자. 이 정도는 할 수 있겠다 싶은 나만의 실천 방법들을 찾아 써보자.

1. 어디에 쓸까(예: 노트, 화이트보드, 포스트잇, 폰 메모장, 인스타 등 꾸준히 쓸 만한 공간 설정하기)

....

....

....

....

....

2. 무엇을 남길까(예: 명언 구절, 확언, 할 일 목록, 일기, 다짐, 목표, 운동 기록 등)

....

....

....

....

3. 메모를 위해 평소 노력할 것들

....

....

....

....

....

집 안에서 메모를 생활화하자

우리가 보낸 하루하루를 모두 더하였을 때, 그것이 형체 없는 안개로
사라지느냐 아니면 예술작품에 버금가는 모습으로 형상화되느냐는
바로 우리가 어떤 일을 선택하고 그 일을 어떤 방식으로 하는가에 달려 있다.

― 미하이 칙센트미하이

집이라는 공간에 있으면 챙겨야 할 일들은 언제나 넘쳐난다. 단순하게
움직이는 일뿐 아니라 신경 쓸 일들까지. 가족이 함께 지내는 공간이라 더
욱 그렇다. 각자 알아서 하면 좋겠지만 엄마의 역할이 크다. 매일 해도 똑
같은 일들은 어김없이 반복된다. 필요해서 하는 말인데도 잔소리처럼 들
릴 때가 많다. 그런 말을 계속하다 보면 모두가 힘들다. 그 시간이 계속되
자 방법을 찾기로 했다.

집안 곳곳에 써 붙여두었다. '화장실 불 확인하기', '물건 사용 후 제자리

에 두기' 이런 기본적인 것들을 일일이 말을 해야 하다니. 가끔 이해가 안될 때도 있다. 그래도 스트레스를 받는 사람이 먼저 방법을 찾는 수밖에 없다. 깔끔하게 써두니 처음에는 편했다. 그런데 집안 곳곳에 지시사항들이 하나씩 늘어나자 기분이 이상했다. '여기가 기숙사인가.' 무언가를 자꾸 공지하는 기분이 꼭 사감이 된 것 같았다. 편하려고 써 붙였는데 나중에는 효과가 없었다. 스스로 하지 않고 관심이 없으니 쓰는 사람만 애를 쓰게 된다. 어쩌면 그런 글귀가 하나의 장식처럼 보였을지도 모른다.

어떻게 하면 부드럽게 전달할 수 있을까. 포스트잇을 이용해 메시지를 전달해 봤다.

'간식 챙겨 먹고 숙제하고 있어.', '엄마 운동 갔다 올게. 그동안 할 일 알지?' 이런 말들을 적어서 붙여두었다. 메시지를 보는 순간 잠시나마 생각할 것이다. 읽고 나면 가끔 그 밑에 포스트잇으로 답장을 하기도 했다. 조금씩 주고받은 쪽지들은 책상과 노트에 고스란히 모였다. 은근 재미도 있었다. 그렇게 시작한 쪽지가 점점 편지가 되어갔다. 말로 힘들게 하는 것보다 글이 낫구나 싶었다. 감정을 목소리에 담아 전달했으면 분명 짜증이 더해졌을 것이다. 그런데 글은 다르구나. 어떻게 들을지는 상대의 몫이 된다.

글로 쓰다 보면 차분해지고 마음이 더 잘 전달된다. 그게 계기가 되어 가끔씩 엽서를 쓰게 되었다. 힘들어도 자꾸 하다 보면 낫다. 어색함이 점차 익숙함으로 바뀌었다. 이제는 생일이나 특별한 날에는 서로에게 꼭 편지를 써서 고마움을 전한다. 가끔 그런 편지들이 마음을 달래주기도 한다. 역시 말보다 글의 힘이 세다.

평소 명언 수집하는 걸 좋아한다. 블로그에 기록하다 보니 어느새 900개가 넘는 명언이 모였다. 간결한 명언은 많은 생각을 하게 해주고 여운이 크다. 가끔 하나씩 꺼내 읽으면 기분이 좋아진다. 그중에 특히 좋았던 명언들은 포스트잇에 써서 잘 보이는 곳에 붙여두고 본다. 시각화하고 지속적으로 보는 게 답이다.

성경 말씀도 함께 써둔다. 늘 생활하는 공간에 있으니 자연스레 보게 된다. 늘 보던 말씀도 어떤 순간에는 다르게 다가온다. 책과 노트, 인터넷에 있으면 찾아야 한다. 바로 눈앞에 있으면 다르다. 한 번 더 생각하는 계기가 되기도 한다. 계속 읽다 보면 정말 그런 삶을 살게 될 것 같은 느낌마저 든다. 의미를 생각하는 동안 의식의 변화도 생긴다. 아무 생각 없이 벽을 보다가 마주친 한 문장이 행동을 바꿀 수도 있다.

이제 외출할 때 마스크를 챙기는 게 익숙하다. 하지만 코로나 초기에는 정말 신경 쓰이는 일이었다. 처음엔 마스크를 깜빡하고 나갔다가 다시 돌아오는 일이 많았다. 현관문 바로 보이는 곳에 포스트잇을 붙였다. '마스크 챙겼나요?' 집을 나서기 전에 버튼을 누를 때마다 보게 된다. 그 한 문장으로 마스크를 잊은 채 나서는 일이 줄어들었다.

집에서 제일 많이 쓰는 공간이 어디일까. 바로 화장실이다. 아침 저녁으로 화장실은 꼭 들르는 곳이다. 그 공간을 잘 활용하는 게 좋다. 늘 생활하는 공간에 무슨 글이 있는지를 생각해 보자. 거기에 힘이 되는 말을 적어두고 수시로 보면서 마음에 자주 담아두면 좋다. 매일 들여다보는 거울 옆에 크게 써 붙여놓았다. '나는 위대하다. 나는 존귀하다. 나는 기적이다.'라고. 씻을 때마다 보고 외치면서 긍정의 힘을 불어넣는다.

수시로 드나드는 방문도 그냥 두지 않는다. 보이는 곳 말고 뒷부분에는 온통 다짐과 좋은 글귀들을 붙여놓았다. 들어갈 때는 보이지 않는다. 방 안에서 봐야 읽을 수 있다. 방에서 좋은 생각을 하기 위해서다. 한 번이라도 그걸 보면서 쓸 때의 기분을 되새기며 마음을 다지려고 노력한다.

집 안에 화이트보드를 걸어두면 매우 유용하다. 그러면 급하게 생각이 떠오를 때 메모지를 찾을 필요가 없다. 아이디어를 수시로 빨리 적어두기에 좋다. 일단 먼저 보드에 적어두고 시간이 날 때 수첩이나 다른 데 옮겨쓴다. 벽에 걸려 있으면 바로 앞에 있으니 언제든 쓸 수 있다. 집안 곳곳에 세 군데 정도 화이트보드가 걸려 있다. 모두 크기와 모양이 다르다. 거실에 있는 보드는 책장 옆에 있으니 다용도로 쓰인다. 주로 아이들이 그림을 그리거나 낙서를 한다. 아주 가끔 공부할 때 칠판이 되기도 한다. 생활 공간이기 때문에 대화의 창구로 쓰일 때도 많다. 전하고 싶은 말이 있을 때 적어두면 어떻게든 보게 된다.

주방과 거실 사이에 작은 보드는 일과표다. 중요한 일정들을 적어두고 지나면서 수시로 본다. 집에 있을 때 문득 떠오르는 생각들이 있다. 그 순간을 놓치면 기억이 잘 안 난다. 그때 노트와 펜을 찾는 것보다 보드에 먼저 적어둔다. 그리고 나중에 한꺼번에 다시 정리하면 된다.

주방에 있는 보드는 주로 음식, 식재료와 관계되는 것들이다. 아무리 많은 장을 봐도 늘 같은 고민을 하게 된다. 해 먹을 게 별로 없구나. 장을 보면 냉장고에 정리하면서 모든 식재료들을 수첩에 적었다. 그걸로 일주일 동안 어떤 음식을 해 먹을 지 잠시 고민한다. 그리고 보드에 요일별로 메뉴를 정해서 써둔다. 식재료만 적다가 나중에는 그걸로 어떤 요리를 할 수 있는지 메뉴까지 생각해 둔다.

사실 매일 뭐 먹을지 고민하는 게 큰 숙제 같다. 일을 마치고 집에 돌아오면 쉬고 싶은데 메뉴를 생각하면 피곤할 때가 있다. 미리 적어두고 식단

표에 따라 움직이니 한결 수월해졌다. 냉장고 문을 열고 일일이 확인하지 않아도 알 수 있으니 좋았다. 어떤 재료가 있는지 알고 있으니 쓸데없는 지출을 잘 안 하게 된다. 그렇게 하니 식비가 많이 줄었다.

메모하려면 집 안에서 먼저 실천하자. 필요한 구매 목록이나 집안일, 챙겨야 할 일 등 적을 게 많다. 가끔은 아이들에게 적어 놓으라고 외칠 때가 종종 있다. 바쁠 때는 일부러 시키는 편이다. 아이들은 메모하는 데 익숙하지 않다. 메모하면서 자연스레 쓰는 습관을 길러주기 위해서다. 보드에 적으면 아이들도 재밌어하고 어떨 때는 그림까지 그렸다. 식탁에 앉아 그런 메모들로 대화를 나누기도 한다. 그렇게 메모를 하니 질문이 많아졌다. 웬만한 집안일이나 계획을 아이들이 먼저 파악하고 물어볼 때도 있다. "오늘 우리 거기 가는 거죠? 오후에는 마트 가네요!" 하면서. 그래서 때로는 암호를 써두기도 한다. 이렇게 메모는 가족 간에 대화 소재를 많이 만들어 준다.

생활 공간 안에서 자연스레 익숙해지는 게 좋다. 무엇이든 작은 거라도 하나씩 시도해 보자. 실천하다 보면 쓸 일이 많아질 것이다. 평소에 안 하던 마음을 전달하면 집안의 분위기도 달라지지 않을까. 처음에는 어색해도 그 작은 행동 하나가 큰 즐거움이 되기도 한다.

모임이 즐거워지는 비결이 있을까

*

태도는 사소한 것이지만
그것이 만드는 차이는 엄청나다.

- 윈스턴 처칠

갈수록 점점 모임이 많아진다. 세상이 바뀌면서 온라인에서의 모임까지 더 다양하고 활발해졌다. 활동에 제한이 없어지면서 마음만 먹으면 하루에 많은 사람들을 만나게 된다. 넘쳐나는 모임 가운데 과연 즐거운 모임, 기억에 남는 사람들이 얼마나 되는가. 시간을 내서 참여한 모임에서 사람이든 성과든 보람은 있어야 한다.

사람들은 어떤 사람에게 호감이 갈까. 바로 내가 하는 말을 잘 들어주는 사람이다. 내 이야기를 들어주는 사람에게 끌린다.

빌 게이츠는 세계 최고의 부자로 유명하다. 그가 유명한 이유는 단지 돈이 많아서가 아니라 대화할 때 맞장구치면서 잘 들어주기 때문이다. 그래서 그를 싫어하는 사람이 별로 없는 것으로도 유명하다. 대화할 때 그가 자주 쓰는 세 가지 단어가 있다. "Really?(정말이요?)", "Excellent.(정말 대단하네요.)", "And then what happens?(그래서 어떻게 됐어요?)" 이렇게 옆에서 맞장구를 치면서 잘 들어주면 누가 싫어하겠는가.

말을 잘 하는 사람보다 우선 잘 듣는 사람이 되자고 생각했다. 모임에 나갈 때마다 사람들을 관찰하기 시작했다. 관찰하는 일은 주의를 집중해 듣는 행위에서 시작된다. 어떤 말을 하는지 귀를 기울이다 보면 그 사람의 작은 부분까지도 눈에 들어왔다. 다들 생김새만큼이나 말하는 방식도 달랐다.

어떤 식으로 말하는지 지켜보는 건 꽤 재미가 있었다. 때로는 어떤 방송 프로그램보다 더 생생하게 전해졌다. 웃고 떠들다 보면 어느새 끝이 났다. 시시콜콜한 대화들 속에도 가끔 번쩍 스쳐가는 말들이 있었다.

어쩌면 저런 말을 듣기 위해 이 자리에 앉아 있는 게 아닐까 싶기도 했다. 대화를 그냥 듣고만 있기에 아까운 순간들이 많았다. 그런 시간들만큼 추억도 쌓여갔다. 들을 때는 좋았지만 그 순간들도 시간이 지나면 점점 잊혀졌다.

프랑스의 심리학자 로카르는 "두 물체 간의 접촉에는 교환이 반드시 일어난다. 모든 접촉은 흔적을 남긴다."고 했다. 어떤 경우의 만남이든 그 나름의 흔적이 남는다. 그런데 시간과 에너지를 들여서 모임에 나갔는데 아무것도 남는 게 없으면 좀 씁쓸하다. 어떻게 하면 즐거웠던 순간들을 남겨둘 수 있을까.

사실 모임이 끝나고 돌아보면 허전할 때가 많다. 많은 이야기를 나눈 것 같은데 기억에 남는 게 별로 없었다. 때론 좋은 말들을 나누었는데 집에 오면 생각이 안 났다. '나중에 꼭 저건 적어놔야겠구나.' 해도 그때뿐이었다. 금방 잊어버리게 된다. '그게 언제였나, 무슨 말을 했지?' 할 때가 많았다.

그 순간을 떠올리다 보면 기억력을 테스트하는 느낌마저도 들었다. 대화 속에서는 충분히 공감했지만 나중엔 어렴풋하게 떠오를 뿐이었다. 노력에 비해 남는 게 없다니. 오히려 이건 시간 낭비겠구나 싶었다. '다음에는 놓치지 않을 거야.' 그렇게 마음먹고 모임에 나갈 때 필기할 작은 것들을 챙겨갔다. 하지만 대화를 나누다 깜빡할 때도 있었다. 메모하는 습관이 없으면 중요한 순간들이 그렇게 지나가버린다. 생각날 때 즉시 적어두어야 한다. 나의 언어로 메모해야 오래 간직할 수 있다.

생각 끝에 어디서나 필기류를 챙겨 다녔다. 모임에 가면 듣는 대로 바로 적었다. 상황이 안 될 때는 키워드 중심으로 간단하게 메모하고 집에 돌아와서 정리를 했다. 기록으로 남기려고 듣다 보니 집중이 더 잘 됐다. 그렇게 모임에서 쓰기에 익숙해지면 심심할 일이 없다. 대화 내용이 지루하거나 재미가 없어도 괜찮았다. 사람들은 열심히 참여하는 줄 착각하기도 한다.

도대체 뭘 저렇게 적을까. 사실 따분할 때는 그림을 그리거나 낙서할 때도 있다. 딴 생각을 하다가 우연히 아이디어가 생각나서 마구 적기도 한다. 그러면 도무지 끝날 것 같지 않은 긴 시간도 금방이다. 종이 하나에 이토록 즐겁다니. 뭐라도 적다 보면 시간이 잘 갔다. 가끔 사람들이 모임에서 나누었던 내용을 궁금해할 때가 있다. 그러면 정리해 둔 걸 보고 알려주거나 참고할 수 있도록 공유한다. 성실한 모습을 말이 아닌 행동으로 보여줄 수 있어서 좋았다.

대화 중에 메모할 곳이 없으면 어떻게 할까. 우선 스마트폰이라도 활용해서 적어야 한다. 메모할 내용을 놓치는 것보다 낫다. 가끔은 폰을 꺼내메모할 때가 있다. 그런데 상대방은 메모하는 줄 모른다. 그러니 때로는 메모하기 전에 '들으면서 메모를 좀 할게요.'라고 양해를 구하는 게 좋다. 그러지 않으면 상대방의 기분이 안 좋아지거나 대화에 집중하지 않는 것처럼 오해할 수도 있다. 폰에 메모하다 보면 대화의 흐름이 끊기고 방해가되기도 한다. 수시로 울려대는 폰은 대화의 집중력을 떨어뜨린다.

반면 손으로 하는 메모는 그렇지 않다. 듣다가 종이에 적는 행위 하나로도 눈길을 끌기에 충분하다. 게다가 손으로 쓰는 진지한 태도는 성실하고 좋은 인상을 남긴다. 들으면서 메모하는 사람은 다르게 본다. 메모를 하면 특별한 사람으로 인식하게 된다. '내 말을 잘 듣고 있구나.' 존중받는 느낌도 든다. 메모는 상대방이 하는 말을 잘 듣고 있음을 표현하는 아주 좋은 방법이다.

그렇다고 메모하는 데만 신경을 기울이면 안 된다. 메모한다고 상대가 꼭 잘 듣고 있는 건 아니기 때문이다. 쓰느라 고개를 숙이고 있으면 서로가 불편하다. 대화를 할 때 상대를 보는 것이 기본이기 때문에 요령껏 해야 한다. 수첩에 쓴다면 왼쪽에는 상대방이 한 말을, 오른쪽에는 자신의 느낌을 적는다. 한쪽에 적는 것보다 내용을 한 눈에 구분하기 편하다. 상황에 따라 어떻게 쓸지 고민해보고 선택하면 된다.

대화를 하면서 메모해 두면 여러 가지로 유익하다. 사람들에게 마음을 전할 수가 있다. 누군가를 만났을 때 대화를 나누면서 인적사항이나 좋아하는 것들을 메모해 두면 좋다. 대단한 것에서 느끼는 즐거움도 있다. 하지만 대체로 작은 것에 마음이 움직인다. '이런 것까지 기억하다니.' 상대방은 사소한 것일지라도 기억해 주는 정성과 작은 배려에 감동한다.

또한 기본 정보들을 적어두면 실수할 일이 적다. 대화에서 인상적이었던 부분을 따로 메모해 두면 더욱 특별해진다. 나중에 하나라도 더 챙길 수 있다. 굳이 많은 노력을 하지 않아도 된다. 신뢰는 작은 메모에서 시작된다. 작은 메모 하나가 끈끈한 인간관계를 만들어 준다. 그러니 즐겁고 풍성한 모임을 위해 메모할 준비부터 하자.

필사하며 글쓰기를 배우고

*

글을 잘 쓰는 능력과 말을 조리 있게 하는
능력이 있다면 아무도 막을 수 없다.

– 조던 피터슨

글쓰기가 스펙인 세상이다. 학교를 졸업하면 글쓰기가 끝날 줄 알았다.
그런데 직장이든 모임에서든 끊임없이 글을 쓰는 상황을 마주하고 산다.
가끔은 인터넷에서 도움을 받아 해결할 수도 있다. 그러나 그것도 쉬운 일
이 아니다. 온전한 자신의 글이 아니기 때문에 늘 그런 방법이 통하지는
않는다. 직장이 아니어도 조직이나 모임에서 생각을 나누고 써야 하는 일
은 여전히 많이 생긴다. 살다 보면 글을 써야 하는 상황은 의외로 많다. 생
활 속에서 써야 할 일들은 계속된다. 그런데 글을 쓴다는 건 여전히 부담
스럽다. 내 생각을 담아내는 일은 그 자체로 큰 과제다.

글 쓰는 게 필요한가 할 수도 있다. 글 속에는 보이지 않지만 많은 게 담겨 있다. 한 사람의 인격이 온전히 드러난다. 인터넷에서 가끔 무례한 글들을 보기도 한다. 도대체 어떤 사람인지 얼굴을 보지 않아도 대충 짐작할 수 있다. 대학을 졸업해도 책 한 권을 읽고 그 느낌을 정리하기가 힘들지 않은가. 자신의 생각을 나타내주는 것은 글쓰기밖에 없다. 그 어떤 것도 대신해 줄 수 없다. 어떤 면에서는 대단한 이력이나 대학 졸업장보다 글쓰기가 우선인 것 같다.

일상에서 제대로 글쓰기라는 것을 하고 있을까. 한번 생각해 보자. 종일 온갖 댓글과 카톡의 대화가 이어진다. 그건 쓰는 게 아니다. 그저 자신의 목소리만 여기저기 알리기에 바쁘다. 매일 쏟아지는 정보들로 몸과 마음의 피로만 더해진다. 그 많은 정보를 그저 읽는 데 시간과 체력을 소비하고 있다. 내 것으로 만들어야 비로소 가치가 있다. 어떻게 자기의 것으로 만들 것인가. 자신을 들여다보는 글쓰기가 무엇보다 필요하다.

글을 쓰려면 읽는 게 먼저다. 다양한 책을 읽는 게 쓰는 데 도움이 된다. 책을 읽으면서 쓰기에 필요한 재료들을 많이 모아두어야 한다. 책을 읽다 보면 온몸에 전율이 흐르는 문장을 만나기도 한다. 우연히 발견한 그 한 줄로 인해 괜히 즐거워진다. 나를 일깨우는 문장, 정신이 번쩍 드는 문장을 만나는 기쁨 때문에 계속 책을 들게 된다. 책을 읽다가 좋은 문장을 만나면 놓치기 아까워서 독서노트에 기록해 둔다. 관심을 두지 않아서 그렇지 세상에는 얼마나 멋진 문장이 많은지. 좋아하는 문장이 많아서 쓰는 시간이 즐겁다. 그 문장들 덕분에 힘을 얻는다.

시를 읽다가도 좋은 구절이 나오면 잠시 멈추고 반복해서 읽어본다. 여유가 있으면 시를 필사하면서 그 여운을 간직해 본다. 어쩜 이렇게도 아름다운 문장으로 표현했을까 싶다. 외우는 게 제일 좋지만 갈수록 기억에 한계를 느낀다. 그나마 윤동주의 「서시」와 천상병의 「귀천」은 아직도 줄줄 외운다. 지칠 때 시의 아름다운 구절들은 마음을 촉촉하게 해준다. 방황할때 길을 보여주는 책 속의 문장들 덕분에 흔들리는 마음을 단단하게 잡고한 발짝 용기를 낼 수 있다.

어떻게 하면 그런 힘이 되는 문장들을 쓸 수 있을까. 글을 잘 쓰려면 어떻게 해야 할까. 많이 읽고 많이 생각하고 쓰는 것이 답이다. 많이 읽고 생각하는 습관을 길러야 좋은 글이 나온다. 그중에 책을 읽는 건 하겠는데쓰는 일이 제일 어렵게 다가온다. 근육이 하루 아침에 생기지 않듯 글쓰기도 마찬가지다. 이제까지 안 했으니 끊임없는 연습이 필요하다.

"소설이야말로 글쓰기의 훌륭한 교재다. 풍부한 낱말과 비유가 있고 세상의 이치도 담겨 있다. 자세히 뜯어보면 글을 잘 쓰는 테크닉도 있다. 글

쓰기 관련 서적 다섯 권을 읽는 것보다 잘 쓰인 소설 한 편을 뜯어보며 읽어보는 게 좋다." – 윤태영, 『글쓰기 노트』

글쓰기 연습으로 필사만 한 게 없구나. 무슨 책을 어떻게 써야 할까 싶어 찾아봤다. 소설이 글쓰기에 좋은 이유는 많았다. 어떻게 이런 표현을 썼을까, 아름다운 문장을 보며 감탄할 때마다 필사를 해야겠구나 마음이 움직였다. '따라 쓰다 보면 그들의 문장이 내면으로 스며들어 마음에 드는 한 줄이라도 쓰게 되겠지.'하는 생각이 들었다.

무심코 대학 때 쓴 노트가 눈에 들어왔다. 프랑스어를 전공했는데 그때도 필사를 했다. 졸업하기 전에 무슨 의미 있는 일을 할까 하다가 생텍쥐페리의 어린왕자 한 권을 베껴 썼다. 노트 표지에 지팡이를 든 어린 왕자 그림도 그렸다. 내용은 대충 알지만 사전을 찾아가며 일일이 적는 건 고된 작업이었다. 나중에는 사전 없이 그저 옮겨 쓰는 데만 몰두했다. 밤마다 힘든 상황을 견디며 써나갔다. 그림까지 그리면서 열심히 필사했다. 기간이 정해진 졸업 작품도 아니고 그저 혼자 하는 즐거움이었다. 피곤해서 건너 뛰고 싶은 날도 많았지만 그래도 계속 써나갔다. 시간이 제법 오래 걸렸다. 한 권을 다 쓰기까지 결코 만만치 않았다.

졸음을 이기며 밤마다 필사하던 그 시절이 가끔 떠오른다. 정성을 쏟은 시간 때문에 그 노트는 특별한 의미를 지니게 되었다. 한 권의 노트 속에는 단지 글씨만 있는 게 아니다. 노력의 흔적과 책상 앞에 앉아 씨름하던 시간이 고스란히 담겨 있다. 매번 노트를 펴는 과정을 통해 약간의 인내심을 배웠다.

소설가 조정래는 "글을 잘 쓰기 위해서 필사는 꼭 필요한 연습이다. 필사는 정독 중의 정독이다."라고 했다. 필사를 하고 소리 내어 읽는 과정을 반복하면 저자의 생각과 문장 속에 담긴 사유를 관찰하게 된다. 문장을 쓰고 생각을 들여다보는 훈련을 통해 자기만의 생각이 만들어진다. 명문장을 필사하고 사유하는 과정이 자연스레 글쓰기로 연결된다.

무슨 책으로 필사를 하면 좋을까. 소설가 신경숙은 고등학교 시절부터 여러 단편들을 필사했다고 한다. 역시 뛰어난 문장에는 이유가 있었다. 조세희의 『난장이가 쏘아올린 작은 공』과 김승옥의 『무진기행』을 비롯한 책을 필사했다는 내용을 보았다. 고민하다 조세희의 소설을 선택했다. 제목은 알고 있었지만 읽어보지 않았기에 쓰면서 문장까지 익히고 싶었다.

시간과 분량을 정해두고 매일 한 쪽씩 쓰는 일도 쉽지는 않았다. 주로 아침에 필사를 했다. 잠이 덜 깬 시간에도 피곤한 밤에도 썼다. 도저히 시간이 안 날 때는 외출할 때 들고 나갔다. 식당에서 음식을 기다리는 동안 쓰기도 했다. 이상하게 밖에서는 집중이 잘 되었다. 흘려보내는 시간에 무엇이든 쓰고 있으면 다른 생각이 안 들었다. 자투리 시간에 하는 필사는 기분 전환에 좋았다. 바쁜 일들 속에서 잠시 필사를 하며 쉬어 간다. 일명 '필멍'이라는 말처럼 멍때리는 시간이 되기도 한다. 더불어 마음도 평온해진다. 때로는 팔도 아팠지만 그날에 정한 분량을 꾸역꾸역 채워나가는 재미가 있었다.

매일 하루도 거르지 않고 썼다. 손을 움직이는 것도 작은 노동이다. 그저 문장을 손으로 적는다고 달라질 게 있을까, 그런 생각도 들었다. 생각 없이 그저 옮겨 적기만 할 때도 있다. 중간에 그만두려니 써온 게 아깝기도 했다. 그런데 나중에 알았다. 문장이 꼭 기억에 남지 않더라도 내가 쓴 문장들은 내면에 쌓이고 있다는 것을. 노트를 덮는 순간 끝에 가서야 깨달았다.

쓸 때는 정작 모른다. 시간과 함께 점차 글쓰기 근육이 하나씩 늘어가고 있었던 것이다. 중간에 멈추었다면 그 순간도 오지 않았겠지. 삶에는 끝까지 가봐야 알게 되는 것들이 분명 있다. 글쓰기도 그렇다. 인내하고 끝까지 썼을 때 비로소 느낌이 온다.

꾸준히 지속하는 게 힘들다면

*

비판 받는 것을 두려워한다면 그냥 아무것도 하지 않으면 된다.
나는 실패하더라도 후회하지 않지만 시도조차 하지 않은 것은 후회할 것이다.

– 제프 베이조스(아마존 창업자)

어떤 걸 배울 때는 뚜렷한 목적이 있어야 한다. 그냥 하는 사람과 목적을 가진 사람은 다르다. 목적이 없다면 의욕이 점차 사라지고 지속하기 힘들다. 반면 어떤 목표가 있는 사람은 임하는 태도부터 다르다. 작은 자격증이라도 따겠다는 마음을 가지면 소홀히 할 수가 없다. 이렇듯 목적이 있고 없고의 차이는 크다.

기록도 마찬가지다. 목적의식이 있어야 지속할 수 있다. 분명한 목적이 없으면 그저 낙서에 머무르게 된다. 조금 쓰다가 그만둘 가능성이 높다.

써둔 그 종이마저 어디론가 사라질 수가 있다. 어떤 마음으로, 왜 하는지가 기록에 있어서도 중요하다.

노트 앞부분만 몇 장 쓰다가 끝낸 경험이 있는가. 처음 마음처럼 끝까지 쓰지 못하는 이유가 뭘까. 멈춘 곳부터 이어 쓰면 되지만 마음처럼 잘 안 된다. 체계적으로 쓰지 않으니 관심에서 멀어지는 것이다. 그렇게 잊어버리고 대부분 새걸로 사게 된다. 새 노트를 사도 그런 일은 반복된다. 분명한 목적과 효과를 알면 계속하게 된다. 알아도 지속하는 게 쉬운 일은 아니다. 어떤 일에서 성과를 보려면 꾸준함이 답이다.

무슨 일이든 지속하려면 힘이 필요하다. 그 힘이 행동할 수 있도록 이끌어준다. 꾸준히 하는 힘은 도대체 어디에서 올까. 열심히 하겠다는 다짐만으로는 부족하다. 생각한 것을 종이에 써야 한다. '기록이 행동을 부른다.'는 말이 있다. 계속 적어야 그 과정에서 끈기가 생긴다. 마음 먹은 걸 손으로 쓰지 않으면 꾸준히 하기는 어렵다.

단시간에 몸에 익숙해지는 일은 없다. 특히 기록은 더 그렇다. 짧은 시간에 내 것이 되지 않는다. 어느 정도의 시간이 걸린다. 습관이 되지 않으면 힘들다. 다른 습관에 비해 오래 걸리는데 1년 정도 해야 습관이 될 수 있다고 한다. 일정 시간을 넘어 자연스러워질 때까지 해야 한다. 쓰면서 내 상황을 파악해야 달리기처럼 근력이 붙는다. 기록만큼 그 꾸준함의 진가를 제대로 보여주는 것도 없는 듯하다. "처음에는 우리가 습관을 만들지만 그 다음에는 습관이 우리를 만든다." 존 드라이든의 말을 기억하자.

꾸준히 기록하기 위해서는

1) 필기구를 항상 가지고 다닌다.

갑자기 메모해야 할 상황은 언제든 생길 수 있다. 그때를 위해 평소 준비해야 한다. 휴대하기 좋은 수첩과 잘 나오는 펜을 준비하는 게 먼저다. 습관을 만들기 위해서는 마음먹고 필기구를 준비하는 게 우선이다. 메모가 좋아질 만큼 마음에 드는 문구류를 갖추어야 한다. 비장의 문구를 갖추는 것은 지속적인 동기부여를 위해서 중요하다. 사소해 보이지만 이 준비가 되어 있지 않으면 어떤 순간에든 메모하기란 쉽지 않다.

수첩과 볼펜을 들고 다니기 힘들다면 스마트폰 메모장이나 다른 메모앱들을 활용한다. 폰으로는 간단하게밖에 쓸 수 없다. 꾸준히 하지 못하는 이유는 제대로 준비를 안 하고 아무데나 쓰기 때문이다.

사실 쓰려고 마음먹으면 주변에 도구는 많다. 여유가 없을 때는 냅킨이나 영수증도 활용한다. 카페를 자주 가는 편인데 작업을 하기 전에 루틴이 있다. 음식을 주문하면서 받은 영수증 뒤편에 카페를 나가기 전까지 해야 할 일들을 먼저 메모한다. 일 처리를 모두 하고 나면 하나씩 지워나간다. 그리고 다 마무리하면 다시 다이어리에 한 일들이나 그때의 느낌을 적어 둔다. 그렇지 않으면 시간이 금방 가기 때문에 아쉽다. 집중해서 효율적으로 일을 마무리하기에 좋다. 오랫동안 메모해야 급한 순간에 자연스럽게 행동할 수 있다. 나만의 수첩이 있으면 쉽게 쓸 수 있다. 평소에 준비를 해서 쓰는 사람이 어떤 상황에서도 쓰게 된다는 걸 기억해야 한다.

2) 무엇이라도 적겠다는 마음을 가져야 한다.

무엇을 쓸지 고민하지 말고 일단 '되는 대로 적는다'는 생각으로 메모한다. 일 잘하는 사람은 생각날 때 수첩을 꺼내 바로 적는다. 오늘 할 일이나 쇼핑 목록, 새롭게 알게 된 정보, 소소한 생활의 팁 중 무엇이든 소재는 주변에 많다. 마음에 여유가 없을 때일수록 더욱 메모가 필요하다. 그 메모가 바쁜 상황에 질서를 만들어줄 것이다. 어떤 특별한 방법보다 익숙해지는 게 우선이다. 많이 써야 자신에게 맞는 방법을 알게 된다.

3) 일정한 시간을 정해서 쓰고 번호를 매긴다.

일정한 시간을 정해두면 좋다. 매일 집중해서 메모하는 시간을 가지자.

일과를 시작하기 전에 그날의 할 일을 나열해본다. 손으로 써보면 그 일들 중에 중요한 일이 눈에 들어온다. 우선 순위를 정하고 일을 효율적으로 하는 데 도움이 된다. 하루의 일과와 그 순간에 떠오르는 아이디어를 계속 메모하자.

저녁에는 어느 때보다 분주하다. 식사를 하고 집안일을 끝내면 하루의 피로가 몰려온다. 그때는 잠시라도 앉아서 숨 돌리는 시간을 갖자. 자신만의 공간에서 일과를 돌아본다. '저녁 휴식타임 5분' '자기 전 10분' 이렇게 잠깐의 여유만 있으면 된다. 자신이 편한 시간을 미리 설정해 두어야 한다. 그렇게 시간을 정해야 쓸 수가 있다.

그리고 꾸준히 해야 할 일들에 대해서는 넘버링을 하자. 매일 작은 성취를 숫자로 확인하면 도움이 된다. 그냥 하는 것보다 숫자가 있으면 동기부여가 되기도 한다. 얼마나 했는지 아는 것은 의미가 있다. 횟수가 쌓이면 뿌듯함이 생기고 계속하고 싶어진다. 중간에 멈추더라도 번호를 이어나가기만 하면 된다. 이루었다는 성취의 기쁨이 지속할 힘을 준다. 얼마나 달성했는지 자주 체크하고 느낌을 짧게라도 남기자. 그렇게 넘버링을 해서 쓰다 보면 지속할 수 있다.

끈기가 없는 사람들 대부분은 의지가 약해서가 아니다. 자신만의 요령이 없어서다. 방법을 모르고 하다가 그만두기를 반복한다. 그렇게 시간만 낭비하게 된다. 일정한 수준에 오를 때마다 자신을 점검하고 반성하는 시간이 필요하다. 틈을 내어 쓰다 보면 자신을 돌아보는 시간이 주어진다. 지속하는 비결은 분주한 일정 속에 쓰는 일을 포함시키는 것이다. 수시로 수첩을 들여다보고 써야 한다. 그렇게 기록하는 과정 속에서 의지력이 생겨난다.

지금 당신의 가방을 살펴보자

*

느닷없이 떠오르는 생각이 가장 귀중한 것이며, 보관해야 할 가치가 있는 것이다.
메모하는 습관을 갖자.

— F. 베이컨

분주한 일정으로 몸도 마음도 바쁜 날이었다. 목적지까지 가는 길에 지하철을 세 번 탔다. 이동 거리가 많아서인지 다리가 아팠다. 자리를 기대하지는 않았지만 자꾸 주변을 두리번거리게 되었다.

그때 사람들이 들고 있던 가방이 눈에 들어왔다. 모양과 색깔만 다를 뿐 아이부터 어른까지 모두 하나같이 등과 어깨, 손에 저마다의 가방을 들고 있었다. 도대체 저들의 가방 속에는 무엇이 들어 있을까. 얼마나 많은 물건들을 짐처럼 짊어지고 다니는지. 그토록 힘들게 들고 어디로 가는 걸까, 그런 생각이 들었다.

공항에 가면 보안 검색대를 통과할 때 가방의 물건들을 쏟아낸다. 위험한 물건이 없는지 확인해야 비로소 가방을 들고 갈 수 있다. 그때처럼 사람들 가방을 스캔하는 엉뚱한 상상을 해봤다. 당장에 물건이 쏟아지는 상황이 생긴다면 어떻게 하겠는가.

누군가 다가와서 열어야 하는 일이 생기면 어떤 기분이 들까. 평소에 정리가 잘 되어 있으면 다행이다. 매일 들고 다니는 가방 속을 한번 들여다보자. 어떤 것들을 주로 넣어 다니는지. 가끔은 확인하는 시간이 있어야 한다.

정리 상태는 양호한가. 가방 속에 있는 물건과 정리 상태는 내 기분과 심리 상태를 반영한다. 정리를 잘하는 사람은 가방도 깔끔하다. 그렇지 않은 사람은 뭐가 있는지조차 모르고 산다. 나는 어떤 사람인가. 한 사람의 모습도 가방 안에 다 들어 있는 듯하다. 상황과 장소에 따라 달라지는 가방을 매일 같은 상태로 들고 다니는 건 예의가 아니다. 가방 속을 자주 들여다보고 점검하자.

메모하는 사람의 가방은 다르다. 노트와 필기도구는 필수로 챙겨 다닌다. 가방 속에 필기류가 있는 사람은 왠지 다르게 보인다. 스마트폰으로 다 해결되는 세상이다. 하지만 필기류를 들고 다니는 사람은 특별하다. 손으로 쓰는 순간의 중요성을 인지하는 사람이다.

"퍼스트클래스에서 근무할 때는 펜을 빌려달라는 부탁을 받은 적이 단 한 번도 없다. 퍼스트클래스의 승객들은 항상 메모를 하는 습관이 있기 때문에 모두 자신만의 필기구를 지니고 다녔다." – 미즈키 아키코, 『퍼스트 클래스 승객은 펜을 빌리지 않는다』

이렇게 1등석 손님들은 볼펜을 빌려달라고 하지 않는다. CEO들은 항상 메모할 준비를 하기 때문이다. 준비되어 있는 사람은 어디서든 남다른 포스를 뿜어낸다. 자신의 볼펜 한 자루만 있어도 아우라가 다르다. 종이만 있으면 어디서든 메모할 수 있다. 메모는 바로 그들, 성공하는 사람들의 비밀 습관이다.

아무리 디지털 시대라 해도 손으로 써야 하는 순간들을 종종 마주하게 된다. 병원이나 주민센터, 공공기관에 가면 인적사항을 적기도 한다. 대부분 접착식 볼펜이 비치되어 있다. 많은 사람들이 사용해서 때로는 희미하게 끊어지고 쓰기에 불편할 때가 한두 번이 아니다.

그럴 때 가방 속에서 볼펜을 꺼내서 써보라. 나만의 볼펜이 주는 기분을 느껴보길 바란다. 그 순간만큼은 다른 기분을 느낄 수 있다. 우리 삶을 바꿔주는 것은 대단한 것들이 아니다. 흔한 펜 한 자루, 그 작은 것이 지닌 힘이다.

소설가 폴 오스터의 책 『왜 쓰는가』에 보면 한 일화가 나온다. 그는 어린 시절 야구장에 갔다가 명예의 전당에 오른 유명한 야구선수 윌리 메이스를 만났다. 그런데 사인을 받고 싶은 그 순간 연필이 없어서 엄청 안타까웠다. 그날의 경험으로 그는 '주머니에 연필이 들어 있으면 언젠가는 그 연필을 쓰고 싶은 유혹에 사로잡힐 가능성이 크다'는 깨달음을 얻었다고 한다.

어떤 필기류를 쓸까. 처음에는 만년필을 썼다. 마침 모나미에서 새로 나온 게 있었는데 모양도 예쁘고 가격이 아주 착했다. 인기 있는 아이템이었는지 문구점마다 품절인 곳이 많았다. 인터넷으로 검색해 색깔별로 구입했다. 몇 장을 써도 피로감이 덜해서 좋았다. 이래서 다들 만년필을 쓰는구나 싶었다. 그런데 만년필은 휴대가 힘들었고 잉크를 교체해 주어야 했다. 매번 들고 다니면서 다 쓸 때마다 갈아주는 게 불편했다. 모든 노트를 그렇게 쓰기에는 어려움이 많았다. 여러 가지로 만족할 만한 필기류가 절실했다. 편한 볼펜을 열심히 찾아다녔다.

그때 발견한 제트스트림 0.7은 아주 만족스러웠다. 잡았을 때 그립감이 좋고 오래 써도 불편함을 못 느낀다. 다른 볼펜에 비해 가격이 조금 있긴 하다. 그래도 볼펜심을 교체해서 쓰니 쓸 만했다. 이전에 쓰던 볼펜과는 비교가 안 될 정도였다. 모든 가방과 옷 주머니에 꽂아 두고 쓴다. 이제는 그 볼펜이 없으면 허전하다. 볼펜도 아무거나 쓰지 말자. 찾으려고 보면 자신에게 맞는 게 꼭 있다. 하나를 정해서 오래 써야만 진정 그 물건의 가치를 알 수 있다. 내게는 제트스트림 0.7이 그렇다. 가끔 도서관이나 카페에 갔을 때 테이블 위에 같은 볼펜이 있으면 그들이 다르게 보인다. '이 사람도 볼펜에 관해 철학이 있는 사람이구나.' 하는 생각이 든다.

어느 날 좋은 카페에 자리를 잡고 앉았다. 마음먹고 뭔가 쓰려던 참이었다. 그런데 그 순간 볼펜이 없었다. 다른 가방에 물건들을 챙겨 나왔는데 생각을 못하고 있었다. 어찌나 당황스럽던지. 재빨리 근처 가게로 뛰어가서 사 온 다음에야 쓸 수 있었다. 집에 많은데 다시 사는 것도 그랬고 가게를 찾아 사러 다니는 시간도 아까웠다. 그 이후 모든 가방과 옷에 필기류를 넣어 두는 버릇이 생겼다. 항상 지니고 있어야 마음이 편하다. 어딜 가든 내가 가는 곳에 늘 필기구를 휴대해야 한다.

가방에 형광펜 한두 개쯤은 넣어 다니자. 자주 쓰는 것 두 개만 해도 충분하다. 수첩, 볼펜과 함께 넣어 두면 의외로 쓸 일이 많다. 생활 속 작은 메모에 활기를 더해준다. 파랑이나 보라 같은 어두운 색은 잘 안 보인다. 그런 색상은 밑줄을 긋는 용도로 쓴다. 강조 표시를 할 때는 주로 분홍이나 주황 등 밝은 색을 많이 쓰는 편이다. 노란색은 복사했을 때 안 나오니 주의하는 게 좋다. 다이어리나 주제가 있는 노트는 범주마다 색깔을 정해

두고 쓰면 좋다. 형광펜은 메모에 있어 활용도가 높고 다양하다. 형광펜 공부법도 있으니 그만큼 집중하기에 좋은 도구다.

종이와 펜이 있으면 어디서든 외롭지 않다. 뜻하지 않게 시간 여유가 생겼을 때, 시간이 지루할 때 '무얼 할까' 하는 고민이 줄어든다. 손에 폰보다 펜이 있으면 시간을 생산적으로 보낼 가능성이 높다. 손으로 쓰다 보면 창조적인 행위로 이어진다. 생각이 떠오르면 그 순간을 놓치지 말고 기록하라. 머릿속 생각들을 끄집어내다 보면 지루함을 잊을 수 있다. 그러니 무엇을 하건 간에 일단 가방 속에 필기구를 챙겨 다니자. 볼펜이 하나라도 있으면 꼭 필요한 순간이 온다. 이런 작은 실천이 어떤 변화를 일으킬지 모를 일이다. 조금이라도 다른 삶을 살고 싶다면 필기구를 챙기는 것이 생활의 기본이 되어야 한다.

6장   삶이 이토록
          풍요롭게
          채워겠다

당신을 말해주는 그것

당신은 어떤 사람인가. 자신에 대해 한마디로 간단하게 표현하기가 참 어렵다. 특히 소개를 해야 하는 상황에서는 더 그렇다. 한 장의 작은 명함을 통해 어떤 일을 하는지는 짐작할 수 있다. 그러나 그것도 그저 형식적인 직업일 뿐이다.

온전히 그 사람을 드러낼 수는 없다. 당신이 어떤 사람인지 자주 사용하는 물건에 답이 있다. 한 사람의 정체성이 물건 속에 그대로 드러난다. 어찌 보면 물건은 많은 말을 해준다. 자신의 손에 주로 어떤 게 있는지를 살펴보자.

요리사라면 식재료나 요리 기구를 주로 만진다. 학생은 책이나 필기류, 직장인이라면 그 환경에 맞는 각종 도구가 될 것이다. 음악이나 운동을 하는 사람들은 악기나 기구를 주로 사용한다. 자주 쓰는 그들만의 물건들이 있다. 나는 종일 무엇을 제일 많이 만지고 살고 있는가. 한번쯤은 물건을 통해 내가 누구인지 생각해 볼 필요가 있다.

나는 강사라는 직업이 있고 가르치는 걸 좋아한다. 그러나 진정 하고 싶은 건 평생 읽고 쓰는 일이다. 내면의 성장을 통해 주변에 선한 영향력을 나누고 싶다. 내가 경험하고 이룬 것들을 조금씩 나누며 함께 성장해 나가고 싶어졌다. 그러기 위해 '읽고 기록하는 삶'을 살기로 결심했다. 어떻게 살지를 정하고 나자 일상이 단순해졌다. 하루를 살면서 진정 필요한 게 무엇인지가 보였다.

가장 많은 시간 함께 있는 물건을 떠올릴 때 대부분의 사람들은 휴대폰이 될 것이다. 물론 그렇지만 그것만큼 많이 쓰는 게 필기류다. 매일을 살면서 노트와 볼펜은 빠질 수가 없다. 그중에 특히 볼펜을 제일 많이 사용한다. 생활의 일부가 된 스마트폰만큼이나 많이 쓴다. 하루라도 볼펜을 잡지 않은 날이 없다. 흔히 폰은 챙겨도 볼펜은 빠뜨릴 때가 많지 않은가. 가끔 폰을 멀리하고 있으면 자유로움에 홀가분할 때가 있다. 그런데 볼펜은 없으면 허전하다. 그렇게 어디든 가는 곳마다 볼펜이 있어야 마음이 편하다.

무심코 하던 일을 멈추고 손을 바라보았다. 그때 문득 아무 생각 없이 버린 볼펜들이 떠올랐다. 이렇게 생활의 중심에 있는 볼펜인데 쓰고 나서 그냥 버리다니. 익숙해져 편했는데 그렇게 사라지는 게 아까웠다. '그래, 이제는 이걸 모아야겠구나.' 하는 생각이 들었다. 다 쓰고 나면 버리는 대신 작은 비닐 팩에 넣어 서랍 한 켠에 보관해 두었다. 그때부터 볼펜을 모으기 시작했다.

어느 날 서랍을 열었다가 깜짝 놀랐다. 볼펜과 사용한 심들이 한가득 쌓여 있는 게 아닌가. 언제 이만큼 모였을까. 오로지 볼펜만 쓴 것도 아니었다. 휴대폰, 노트북도 메모를 위해 일상에서 늘 사용하고 있다. 다른 전자기기를 쓰면서도 볼펜이 이만큼 쌓이다니. 그 순간 손때 묻은 볼펜이 너무 소중하게 다가왔다. 그냥 다 쓰고 버리기엔 아까웠다. 그때부터 작은 비닐 팩 앞에 연도를 써두기 시작했다. 그렇게 다 쓴 볼펜들을 모아보니 뭉클했다. 세월과 함께 내 손에서 함께 해온 시간들이 떠올랐다. 아무 생각 없이 버렸으면 이런 순간도 없으리라. 기록하기 위해 노력한 흔적이 고스란히 볼펜 속에 담겨 있었다. 학창시절, 수험생 때도 이만큼 쓰지 않았다. 그때 지금처럼 썼다면 얼마나 더 발전했을까.

최근 5년간 80자루의 볼펜을 썼다. 한 해 평균 17자루를 쓴 셈이다. 늘 노트를 들고 다니며 끊임없이 기록했으니 그만큼 썼나 보다. 글 쓰느라 노트북을 많이 사용했던 해에도 12자루는 되었다. 엄청난 양의 볼펜들을 보니 감격스럽기까지 했다. 무엇보다 부지런히 쓰는 삶을 원했다. 그런 간절함이 볼펜 속에 고스란히 녹아 있었다. 다 쓰고 버렸다면 이런 뿌듯함도 없었으리라. 흔적을 남기는 일이 이토록 소중하다. 어떤 것보다 의미와 가치가 더해진 물건이라 그렇다.

새것이 주는 기쁨도 있다. 그러나 그건 잠시뿐이다. 진정한 정은 오랫동안 함께 해온 낡은 물건에서 더 느껴지는 것 같다. 물건이 주는 소중함은 가격보다 가치에 있다. 얼마나 아끼고 애정을 담았는가에 따라 가치는 달라진다. 애정을 쏟고 남다른 의미가 있는 물건은 가격이 중요하지 않다. 알맞은 용도로 잘 사용될 때 그 물건은 더욱 빛을 발한다.

예전에는 아끼고 조심스럽게 사용하는 게 좋은 줄 알았다. 옷이나 신발, 주방용품 등 귀하게 대접해주면 오래 쓸 것 같아서. 하지만 이제는 안다. 그렇게 선택받지 못하고 제자리에 모셔져 있는 건 의미가 없다는 걸. 정말 나에게 중요한 물건은 자주 써주는 게 낫다. 손때 묻은 성경책, 장인의 손길을 거친 연장과 닳아서 반질거리는 물건들을 보면 경이롭지 않은가. 그만큼 마음을 주고 관심을 가졌기에 남다른 것이다.

이제 볼펜으로 쓰지 않는 일상은 상상할 수가 없다. '에너지를 아끼지 말고 이렇게 다 써야겠구나.' 매번 다 쓴 볼펜을 보면서 다짐한다. 나도 이 볼펜처럼 이 안에 존재하는 에너지를 아낌없이 다 쓰고 싶어진다. '부지런히 움직이며 내 할 일에 집중하자.' 볼펜을 보면서 마음을 다잡는다.

노트에 글씨를 쓰다가 어느 순간 희미해지면 느낌이 온다. 이제 이 볼펜도 곧 끝나겠구나. '답답한 자루 안에 갇혀 있었지만 난 진정 내 소명을 다했다. 그래서 후회가 없다. 비록 얼마 남지 않았지만 마지막까지 정성을 다해야겠다.' 이런 볼펜의 메시지도 들리는 것 같다. 나도 볼펜처럼 그렇게 살아야겠구나. 마지막까지 내 사명을 기억하며 달려가는 삶이고 싶다. 볼펜 하나에서 한 줄 깨달음을 얻는다. 쓰는 힘은 실로 대단하다.

시간이 흘러 무엇이 남을까. 아무리 오래되어도 내가 쓴 볼펜과 노트는 사라지지 않는다. 보관 상태에 따라 달라질 뿐이다. 볼펜을 꾹꾹 눌러가며 쓰던 날들! 노트에 새기며 읽고 쓴 흔적들은 세월 따라 더 뚜렷하게 남는다. 결국 쓰는 사람에게는 쓴 도구들이 남는다. 살면서 어떤 걸 남길 것인가. 자주 쓰는 물건을 한 번쯤은 들여다보자. 부족함 없이 넘쳐나는 세상에서 나를 표현할 물건이 하나쯤 있다는 건 참 멋진 일이다. 마음을 담아 쓰다 보면 그 속에서 자신을 발견하게 된다. 내가 어떤 사람인지 더 뚜렷해진다.

가끔은 아날로그 감성이 그립지 않나요

＊

길에는 언제나 모퉁이가 있고,
그 너머에는 새로운 세계가 펼쳐져 있는 법이다.

– 루시 모드 몽고메리

하루 종일 가장 많이 사용하는 게 뭘까. 직업을 불문하고 가장 많이 쓰는 건 당연히 휴대폰이지 않을까 싶다. 어딜 가더라도 폰만 챙기면 다 해결된다. 식당이나 공공기관, 생활하는 곳곳에도 모든 게 기기화되어 있다. 이제 노트와 수첩 대신 스마트폰이나 태블릿PC등 전자기기가 더 자연스럽다. 디지털의 발달로 종이의 사용이 줄어들었다. 그러니 종이를 만지는 일은 더욱 드물다.

기계가 사람을 대체하면서 중요한 문서나 꼭 서면으로 남겨야 할 때를 제외하고는 더욱 종이를 쓸 일이 없다. 딱딱한 기계에만 너무 의존하며 사는 건 아닌지. 가끔 종이를 발견하면 신기하기까지 하다. 특히 필기류를 들고 손으로 쓸 일이 별로 없다. 볼펜을 들고 써야 하는 상황이 되면 어색함을 느낄 수도 있다. 언제부턴가 손 글씨는 부단히 노력해야 가능한 일이 되어 버렸다. 그래서인지 손 글씨를 보면 더욱 반갑다.

온갖 디지털 기기가 일상화된 세상에서 아날로그가 필요한가. 그런 의문이 들 수도 있다. 사실 인터넷만 연결되면 휴대폰으로 할 수 있는 게 넘쳐난다. 메모는 물론 녹음까지 가능하다. 이렇게 모든 것이 편리한 디지털 시대에 굳이 수첩이나 펜을 가지고 다녀야 할까 싶기도 하다. 그런데 아무리 편하고 가벼워도 들고 다니는 데 한계가 있다. 노트북이나 태블릿을 들고 수시로 메모하기란 매우 불편하다. 고작 휴대폰 메모장에 쓰는 게 전부다.

폰을 사용하면 생각을 하기도 전에 이미 생각이 다른 곳으로 분산될 때가 많다. 전원이 꺼지면 방법이 없으니 늘 충전에 신경 써야 한다. 시간과 장소에 따라 챙길 게 많아진다. 폰을 열어서 검색하고 수시로 대화를 주고받느라 소모되는 시간도 많다. 또한 전원을 켜고 입력할 때까지 시간이 걸린다. 화면으로 넘기면서 봐야 하기에 전체 내용을 한눈에 파악하기도 어렵다. 궁금한 게 생겨도 다시 메모하고 표시하는 일이 번거롭다.

하지만 종이에 쓰는 건 어떤 제약이 없다. 그저 볼펜과 메모지만 있으면 된다. 펜을 가지고 단순하게 쓰기만 하면 된다. 쓰기 위해 생각을 하게 된다. 손으로 쓰는 사람과 그렇지 않은 사람은 정보 습득, 그리고 정보 활용 면에서 차이가 난다. 디지털은 기술이 발전하면 금방 변한다. 그에 맞추어 끝없이 배워나가야 한다. 그런데 아날로그는 언제든 변함이 없다. 그저 쓰고자 하는 마음만 있으면 된다. 변하지 않는 것들이 오래간다. 기술이 아무리 발달해도 진정한 메모는 종이에 손으로 직접 쓰는 것이다.

종이는 나름의 매력이 있다. 종이 한 장은 사람을 감동시키기에 충분하다. 정성이 담긴 편지 한 장이 사람의 마음을 울리기도 한다. 카톡과 문자로 전하는 축하와 직접 손으로 쓴 편지는 차원이 다르다. 악필이라도 손으로 쓴 것이 감동을 더해준다. 특유의 글씨체에는 한 사람의 개성이 온전히 드러난다. 그래서 편지든 메모든 손으로 쓰는 쪽이 훨씬 더 정감이 간다. 요즘 캘리그라피를 많이 쓰는 것만 봐도 그렇지 않은가. 손 글씨에서만 뿜어져 나오는 정다운 느낌이 있다. 세월이 지나도 그 손 글씨의 미묘한 맛은 사라지지 않는다.

육필만큼 인간의 진정성을 보여주는 것도 없는 듯하다. 사실 인터넷에 찾아보면 활용할 수 있는 게 많다. 적당히 편집해 자기의 것으로 만들어 쓸 수 있는 도구는 넘쳐난다. 하지만 그렇게 쏟아지는 카톡과 문자 메시지를 얼마나 다 기억할까. 그 노력으로 예쁜 종이 하나를 골라 나만의 스타일을 살려 마음을 전하는 게 더 좋지 않을까 싶다. 손으로 직접 새기고 들인 정성은 쉽게 잊히지 않는다. 그 어떤 것보다 가치가 있다. 흔한 글씨보다 직접 쓴 글을 받았을 때 행복한 미소를 지을 상대방을 떠올려 보라. 그 정성에 모두가 기분이 좋아진다. 왠지 마음이 더 깊이 전달되는 것 같다. 그래서 나는 지금도 특별한 날에는 애써 손으로 쓴다. 모든 말과 글에는 때가 있기 때문에 그런 기회를 애써 챙기려고 노력한다.

손으로 쓰다 보면 문구류에 더욱 관심이 간다. 문구점에 가면 사용하지 않더라도 모양과 디자인에 끌려 사는 게 꼭 있다. 아직도 예쁜 스티커에 마음이 끌린다. 사용보다 수집에 가까웠지만 노력하다 보니 붙이는 재미가 생겼다. 다이어리와 노트의 빈 공간을 화사하게 채우고 있을 때 즐겁다.

일본에는 아직도 문구 덕후들이 많다. 편리한 것을 추구하는 시대에 아날로그 감성을 불러일으키는 각종 문구류를 볼 때면 마음이 찡하다. 어찌나 편하고 아이디어가 돋보이는 물건들이 많은지. 마음을 흔들어놓는 문구류는 보기만 해도 기분이 좋아진다. '역시 이런 거는 배워야겠구나.' 하는 생각도 든다. 그걸 사용하는 사람들이 있기 때문에 계속 발전하는 게 아닐까.

관광지를 둘러보는 것보다 문구점을 구경하는 재미에 시간 가는 줄 모를 때도 있다. 마음을 비우고 들어갔다가 바구니를 꽉 채우고 나올 때가 더 많다. 예쁜 노트와 필기류를 고르던 그 재미, 문구를 향한 본능이 서서히 살아나는 그 순간이 좋다.

언젠가 일본 여행 중에 마트에서 장을 보고 나오는데 한 노인이 눈에 띄었다. 한 컨에 마련해둔 테이블에 앉아 고개를 숙이고 무언가에 집중하고 있었다. 지나면서 보니 편지를 쓰고 있는 게 아닌가. 걸음을 멈추고 멀리서 그 노인을 물끄러미 지켜보았다. 마지막 장까지 정성스럽게 마무리하더니 곱게 접어서 봉투에 넣었다. 기꺼이 자기 시간을 들여 편지를 쓰고 우표를 붙이는 수고를 하다니. 손에 쥐고 있던 볼펜도 예사롭지 않았다. 마트에서 편지 쓰는 노인의 모습은 참 신선했다. 일상에서 그렇게 생활화되어 있는 듯 보였다. 그러니 마트에서조차 자연스럽게 쓰고 있었을 것이다. 그때 보았던 노인의 모습은 아직도 잊을 수가 없다.

지금의 젊은 세대가 노인이 되었을 때를 상상해 본다. 과연 행복할까. 치매를 예방하려면 애써 손으로 쓰거나 기억하기 위해 자꾸 무언가를 떠올려야 한다. 잠깐의 터치에 익숙하고 생각하기를 싫어하는 세대는 문제가 심각하다. 스마트폰을 잘 사용하면 좋지만 그로 인해 힘든 시간이 더 많다면 생각해 봐야 한다. 폰에 의지한 시간이 길어질수록 그 후유증도 심각하지 않은가. 이렇게 많은 시간을 폰에 의존하다가 나중에는 어떻게 될까. 정신이 건강하기를 기대할 수도 바랄 수도 없다. 정신 건강을 위해서라도 잠시나마 펜을 들고 글로 남기는 일이 더욱 절실하다.

디지털이 보편화되어도 따라할 수 없는 게 있다. 직접 쓴 손 글씨로 마음을 전하는 일 말이다. 사람만이 할 수 있는 건 손으로 직접 해야 하지 않을까. 종이에 평소 마음을 꾹꾹 담아 보내면 느낄 수 있다. 그게 내 일상을 얼마나 풍요롭게 하는지를.

엄마의 시간은 어떻게 관리할까

인간은 항상 시간이 모자란다고 불평하면서
마치 시간이 한없이 있는 것처럼 행동한다.

— 세네카

엄마의 시간은 늘 바쁘다. 집안일 하나를 마무리하고 나면 기다렸다는 듯이 또 생긴다. 일은 끝이 없고 열심히 해도 표시가 잘 안 난다. 게다가 이런저런 일들로 지칠 때가 많다. 피곤하고 바쁘다는 말을 자주 하고 산다. 더구나 육아와 일, 집안일에 신경 쓰다 보면 매일은 빠듯하고 정신이 없다. 온전한 휴식은 언제쯤에나 가능할지. 나만의 시간을 갖는 것조차 힘들다.

그 가운데 틈을 내어 여행을 다니는 사람들이 있다. 많은 일정들을 소화하면서 어떻게 그게 가능할까. 부지런히 자신을 관리하며 살기 때문에 가능하다. 관리하지 않으면 어떤 것도 얻을 수 없다. 인맥과 돈처럼 시간도 관리해야 한다. 시간 관리가 생각보다 어렵다. 다른 것들은 늘 생각하고 살지만 시간은 잘 잊어버리게 되고 의식하지 않으면 금방 흘러가 버린다. 사람 만나는 일, 돈 버는 것만큼 시간을 관리하는 게 중요하다. 사람들 대부분은 관리하지 않으면서 언제쯤 그런 여유를 가져보나 부러워만 한다. 시간이 없다는 변명을 하면서 말이다.

"내가 게으름을 피우는 동안에도 시간은 뚜벅뚜벅 제 갈 길을 걸어간다." - 벤자민 프랭클린

시간에 관한 명언이 얼마나 많은지만 봐도 중요성을 알 수 있다. 그중 이 글귀를 떠올리면 눈이 번쩍 떠진다. 내 의지와 상관없이 부지런하게 움직이는 단 하나가 시간이다. 순간은 멈추어 있는 듯해도 그렇게 계속 흘러간다. 그런 순간순간이 모여 인생이 되는 것이다. 그런데 대부분은 당연하게 주어지는 듯 여기고 산다.

시간이 어디로 새고 있는지를 살펴보자. 그 틈새를 찾아보면 내가 원하는 것을 할 수 있는 시간은 얼마든지 있다. 평소에 생각은 해도 잘 실천하지 않는다. 평범한 일상에 익숙해져 있기 때문에 바꾸는 게 잘 안 된다.

어떻게 하면 시간 관리를 잘할까. 사람들은 시간 관리를 어떻게 하는지

많이 물어본다. 언제 그걸 다 하고 사는지 궁금해한다. 그 비결은 미리 계획하고 정리하는 습관에 있다. 처음에는 시행착오를 많이 겪었다. 시간 관리 방법들이 어찌나 많은지. 책을 보고 이것저것 다 해봤다. 집중력을 높이기 위해 30분 단위로 계획하고 3p바인더를 시도하며 촘촘하게 시간대별로 관리도 했다. 다양한 관리 방법들을 찾아서 시도했다. 그런데 오래가지 않았다. 모든 비법이 나에게 적용되지는 않았다. 사람마다 생활하는 환경이 다르기 때문에 그게 다 맞을 리가 없다. 시도하면서 맞는 방법을 찾아나가야 한다. 오래 하다 보면 방법이 보인다.

매일 반복되는 일들은 대부분 비슷하다. 그런 일들을 미리 적어 둔다. 아침에 먹을 식사, 아이들을 돌보는 시간, 가정 업무 등 하루 일을 체계적으로 정리한다. 성공한 사람들은 하루를 계획없이 시작하지 않는다. 하루를 어떻게 보낼지 미리 계획해야 한다. 계획이 없으면 어영부영하다가 금방 밤이 된다. '벌써 하루가 다 갔네.' 그 말만 반복할 수밖에 없다. 언제 계획하는 게 좋을까. 아침보다는 전날 밤이 좋다. 하루가 시작되는 아침에 생각하면 마음이 급해진다. 생각도 잘 안 난다. 자기 전에 대충 몇 가지라도 적어둔다. 그러면 아침에 훨씬 수월하게 하루를 시작할 수가 있다.

계획을 철저하게 세워도 실패할 때가 있다. 실천이 어려운 건 그걸 언제 할지 시간을 구체적으로 설정하지 않아서다. 대부분의 사람들은 계획만 세운다. 계획을 세우는 걸로 끝낸다. 그렇기에 실천하는 데 한계가 있다. 구체적으로 언제 할지를 생각하지 않으면 달성할 수가 없다. 반드시 계획과 함께 시간을 설정해야 한다. 실천하기 위한 시간대를 먼저 확보하는 게 우선이다. 특히 가장 집중할 수 있는 시간대에 중요한 일을 효과적으로 배분한다. 그 시간에 최대한 몰입해서 끝낸다. 이게 한정된 시간을 잘 사용하는 방법이다.

많은 일을 동시에 다 해내기는 어렵다. 그중에 정말 중요한 게 무엇인지 파악한다. 오늘 하루를 보내면서 이것 하나는 확실하게 하자고 했던 일을 실행한다. 우선순위가 높은 일부터 차례로 처리해 나가는 게 좋다. 그러면 일정이 밀려도 최우선 순위의 일은 밀리지 않게 된다. 때론 예기치 않은 일이 생길 수도 있다. 그때는 우선순위를 다시 결정하고 조정한다. 너무 일정에 얽매이지 않고 상황에 따라 조절해 나간다.

그리고 자투리 시간을 잘 활용하자. 틈새시장처럼 틈새 시간은 언제든 있다. 하루 중 틈새 시간들이 있다. 그 시간을 잘 활용하면 의외로 할 수 있는 게 많다. 이동하는 중에 할 수 있는 일들을 체크해서 해본다. 차에서는 짧은 강연을 듣거나 암기할 것들을 중얼거린다. 기다림의 시간에 할 수 있는 것들도 찾아본다. 보통은 책을 읽지만 때에 따라 메모를 하거나 짧은 일기를 쓰기도 한다.

가끔은 그 시간에도 꼭 뭔가를 해야 하나 싶은 생각이 들 때도 있다. 쉬고 싶은데 새어나가는 틈을 챙겨야 한다면 부담스럽기도 하다. 그런데 쉰다고 해서 생산적인 일을 하는 건 아니지 않는가. 온전한 휴식이 아니면 일과 중에 꼭 해야 하는 일들을 챙기는 게 나을 수도 있다. 그 시간에 작은 성취의 보람을 느끼면 나중에 더 여유로워진다.

방아쇠를 가리키는 '트리거'라는 말이 있다. 심리학에서는 흔히 어떤 전환을 일으키는 계기를 의미한다. 밥을 먹고 이를 닦을 때, 밥을 먹는 것은 이 닦기의 방아쇠 역할을 한다. 하나의 행동이 다른 것과 연결되는 것이다. 이런 방아쇠를 의식적으로 많이 만들어서 자연스럽게 비슷한 일이 연결되도록 하는 게 좋다. 비슷한 일들을 시간대별로 묶으면 도움이 된다. 하루를 비슷한 것끼리 덩어리로 나누는 것이다.

하루를 크게 구분해서 보면 오전, 오후, 저녁, 밤 네 파트로 나눌 수 있다. 새벽에 일어나는 사람은 하나 더 추가해 다섯 개가 된다. 굵직하게 나누고 그 시간에 해야 할 일들을 설정해 둔다. 식사를 기준으로 사소한 일정들을 사이에 끼워 넣는다. 오전에 웬만한 중요한 일정들은 마무리하려고 노력한다. 그러면 오후에는 한결 마음이 편하다. 갑작스런 일이 생겨도 유연해진다. 밤에는 하루를 마무리하며 그날 상황을 분석해 본다. 처리하지 못한 일들이 있으면 다음날로 넘긴다.

이렇게 해보면 안다. 할 일 목록보다 사실 하지 않을 일이 더 필요하다는 것을. 시간을 효과적으로 활용하기 위해서는 불필요한 것을 제거하는 게 중요하다. 시간을 많이 잡아먹는 일들이 의외로 많이 생긴다. 특히 많은 시간을 소비하는 게 바로 SNS 활동이다. 소셜 미디어에 능동적으로 대처할 필요가 있다. 수동적인 자세로는 감당이 안 된다. 혼신의 노력을 기울여야 한다. 왜 하는지 분명한 이유를 설정하거나 시간을 정해 두는 게 좋다. 시도 때도 없이 울려대는 모든 것에 반응하다 보면 피로해진다. 마음을 단단하게 먹고 사소한 것들을 무시하자.

시간 도둑은 늘 주변 가까이에 있다. 누구를 만나 시간이 계속 새어나가는지를 살펴보라. 마흔이 넘으면 교류하는 상대를 의식하며 살아야 한다. 사람은 자신과 비슷한 사람들과 어울리게 된다. 그중에 배울 게 많고 성장에 도움이 되는 사람을 만나야 한다. 그래야 생산성이 높아지고 서로에게 발전이 있다. 법정 스님은 "진정한 만남은 상호간의 눈뜸이다. 영혼의 진동이 없으면 그건 만남이 아니라 한때의 마주침이다."라고 하셨다. 서로 성장하는 만남이 좋은 만남이다. 누구와 교류하는가에 따라 삶이 달라질 수 있음을 기억하고 살자. 좋은 사람들과 어울리며 내 삶을 윤택하게 하는 시간을 많이 가져야 한다.

같은 시간이라도 그냥 사는 사람과 비전이 있는 사람은 다르다. 비전을 이루기 위해 사는 사람의 시간은 좋은 것으로 채워진다. 자신을 좋은 언어, 감정, 경험으로 채워야 좋은 인생이 된다. 컴퓨터 프로그램 용어에 'GIGO'라는 말이 있다. 'Good In Good Out'의 줄임말인데 좋은 것이 들어가야 좋은 것이 나온다는 뜻이다. 좋은 사람들과 어울리기 위해 내가 먼저 좋은 사람이 되자. 그러기 위해서는 부지런히 쓰면서 시간을 알차게 보내려는 노력이 필요하다.

그렇다고 종일 바쁜 건 아니다. 점심을 먹고 잠깐이라도 낮잠 시간을 가지려고 애쓴다. 낮잠은 여러 면에서 유익하다. 결코 나태함과 게으름의 상징이 아니다. 적당한 휴식은 더 많은 에너지와 좋은 감정을 만들어준다. 오후 시간을 더 활기차게 움직일 수 있도록 충전하는 시간이다.

어떤 생각을 하며 살고 있는가. 시간은 마음만 먹으면 얼마든지 만들어낼 수 있다. 시간이 없다고만 하지 말고 기록을 통해 계획하는 삶을 살아야 한다. 기록하면서 일과를 제대로 했는지 파악하고 삶을 돌아보는 시간을 가져야 한다. 생산적인 시간은 그냥 주어지는 게 아니다. 부지런히 쓰면서 노력하는 가운데 만들어지는 것이다. 내가 원하는 인생은 결국 내가 원하는 하루를 사는 것이다.

목표가 이끄는 삶이 되도록

*

인간은 자신의 목표만큼
진화한다.

– 막심 고리키

누구나 주어진 일에 최선을 다하며 열심히 산다. 그런데 생활에 큰 변화
가 없다. 그 이유가 뭘까. 자신의 의지가 아닌 의무적으로 하기 때문이다.
의무적으로 하니 성과도 즐거움도 없다. 스스로 정한 목표가 있어야 한다.
인생의 목표를 가지고 살아가는 사람이 얼마나 될까.

물론 자신이 원하는 것을 알고 목표를 세워 이루어 나가는 사람도 있다.
하지만 대부분의 사람들은 인생의 목표 없이 주어진 하루를 대충 살다가
나중에 후회한다. 목표 설정은 인생뿐 아니라 삶의 태도에도 많은 영향을
미친다.

목표는 '행동을 취하여 이루려는 최후의 대상'을 말한다. 남다른 인생을 사는 사람은 분명한 삶의 목표가 있다. 분명한 목표가 있고 없고의 차이는 크다. 목표가 있으면 끝까지 해나갈 수 있는 원동력이 생긴다. 목표가 없으면 하다가 흐지부지되고 의욕도 약해진다. 중간에 그만둘 가능성이 크다. 반드시 이루어야 할 목표가 곧 열정으로 이끌어 준다. 그것은 삶에 대한 태도에 영향을 미친다.

하루를 살아가는 데도 목표가 있는 사람은 다르다. 우선 마음가짐 자체에서 차이가 난다. 무엇보다 하루 계획을 철저하게 세운다. 주어진 오늘을 어떻게 보낼까 고민한다. 그냥 하루를 시작하는 것과는 차원이 다르다. 인생의 큰 틀에서 하루는 이루어야 할 작은 단위가 되기 때문이다. 마음을 다잡고 계획을 세운 날은 확연하게 생기가 넘친다. 그 덕분에 시간을 더욱 알차게 쓰게 된다. "목표는 사람이 만들지만 일단 목표가 만들어지면 목표가 사람을 이끈다."는 말처럼 목표가 하루를 움직이고 행동하게 만든다. 그 가운데 만들어진 성과들이 살아가는 힘이 되어준다.

뚜렷한 목표가 있으면 어떻게든 노력이라도 하게 된다. 그런데 계획이 없으면 되는 대로 시간을 보내게 된다. 별다른 목표 없이 늦잠 자고 일어나 쫓기듯 하루를 살게 된다. '생각하는 대로 살지 않으면 사는 대로 생각하게 된다.'는 말처럼. 그대로 대충 살게 된다. 아무 생각 없이 무의미한 일들로 시간을 허비한다. 특별히 할 게 없으니 폰을 만지고 인터넷 세상을 허우적댄다. 온갖 기사들을 읽고 의미 없는 글에 답을 하고 여기저기 기웃거리다 시간이 훌쩍 흘러가 버린다. 저녁에는 드라마 채널에서 위안을 얻을 뿐이다.

계획이 있어도 때로는 감당할 힘조차 없는 날이 있다. 그런 날은 쉬어간다. 하지만 쓰러질 것 같지 않으면 움직이는 게 낫다. 사람은 끊임없이 편한 것을 추구하기 때문에 눕다 보면 그것도 습관이 된다. 망설이는 것보다 행동으로 옮기는 게 덜 괴롭다. 행동하다 보면 오히려 힘이 난다. 안 하고 가만있는 게 더 사람을 지치게 한다. 조금씩 움직이다 보면 탄력도 생긴다. 때론 바쁜 중에 더 많은 걸 해내지 않는가. 그 자리에 주저앉기보다 작은 힘이라도 끌어내어 어떻게든 하나라도 해야 한다. 순간은 힘들어도 그래야 남는 게 있다. 계획대로 하지 못해도 괜찮다. 목표가 있으면 다음날에 어떻게든 하게 된다.

사소한 목표가 얼마나 중요한지 일상에서 자주 느낀다. 등산을 하던 날, 시간이 별로 없었다. 주어진 시간이 짧아 걸으면서 계속 방법을 고민했다. 어떻게 이 시간 안에 끝낼 것인가. 잘 아는 길이라 코너마다 조금씩 목표를 나누었다. 정상까지 갔다가 돌아오는 것으로 설정하고 부지런히 걸었다. 초반 10분 정도는 오르막길인데 어찌나 숨이 차던지. 헉헉거리면서도 힘을 내서 달리다가 걷기를 반복했다. 평지에서는 가능한 빠른 걸음으로 걷거나 살살 달리기도 했다. 걸음에 온전히 집중하며 서둘러 차가 있는 곳으로 돌아왔다. 시계를 보니 정확하게 45분이 걸렸다. 정말 예상대로였다.

등산을 하는 동안 목표가 얼마나 중요한지 실감했다. 목표가 없었으면 아무 생각 없이 걸었을 것이다. 목표를 설정하고 움직이니 딱 그만큼 하게 되는 것을 온몸으로 느꼈다. 뇌는 목표가 있으면 그쪽으로 가는 지도를 그린다고 하지 않았던가. 거기에 맞게 모든 것이 움직이고 할 수 있도록 상황이 만들어져 간다. 시간이 없다는 핑계로 시도조차 하지 않았을 수도 있다. 하지만 간절한 마음으로 목표를 설정하니 어떻게든 할 수 있었다.

카페에 앉아 커피를 마시는 순간도 마찬가지다. 어떤 목표가 있느냐에 따라 시간은 질적으로 다르다. 같은 공간 안에서도 사람들을 보면 저마다 다양하다. 공부, 글쓰기, 멍때리기, 수다 떨기 등 그 순간의 목표가 다르기 때문에 다들 자기만의 방식으로 시간을 보낸다. 그중에도 이루어야 할 목표가 있는 사람은 눈빛과 행동이 다르다.

나는 주로 글을 쓰기 위해 카페에 간다. 자리에 앉자마자 하는 오래된 습관이 있다. 주문한 커피를 들고 자리에 앉으면 영수증을 편다. 그 후에 목표와 행동을 적는다. 우선순위를 설정해서 순서대로 처리하기도 하고 시간대별로 계획을 세우기도 한다. 5분도 채 안 걸리는 이 행위는 상당히 중요하다. 많은 일들을 알차게 처리하기 위해 철저한 계획을 세운다. 그런 계획과 목표가 있을 때 집중도는 최고에 이른다. 완료한 일들을 하나씩 지워나가다 보면 시간이 금방 지나간다. 가방을 들고 일어나야 하는 순간이 마냥 아쉽기만 하다.

공부할 때도 목표를 먼저 설정한다. 막연하게 책을 보는 게 아니라 몇 시까지 어느 부분을 하겠다고 정한다. 그러면 집중도가 달라진다. 공부에서는 실제 한 시간보다 내가 얼만큼 목표한 대로 움직였는지가 더 중요하다. 그래서 어디까지 할지 계획하고 시작한다. 다이어트를 할 때도 단순히 '살을 빼야지'가 아니라 날짜와 감량 목표를 뚜렷하게 정한다. 운동 선수들도 달성할 목표를 정하고 하루 운동량을 실천해 나간다. 그동안 자신이 발전하는 걸 느낄 수 있다.

이렇게 목표는 삶의 많은 부분을 차지하며 그 자체로 의미가 크다. 비록 그것을 달성하지 못해도 비슷한 정도까지는 갈 수가 있다. 사실 그것을 이루기 위해 노력하는 과정 속에서 배우는 게 더 많다. 그때 얻은 자신만의 노하우는 상당한 가치가 있다.

여행을 갈 때도 마찬가지다. 목표가 있어야 방황하지 않는다. 버스를 타고 잠시 이동을 하더라도 내가 어디로 가는지를 알고 간다. 어디로 가겠다는 행선지가 분명하지 않으면 그 어디도 갈 수가 없다. 바다 위에 떠 있는 배가 항해하지 않고 정박해 있는 것과도 같다. 그저 표류하다 끝날 뿐이다.

간단한 길도 그러한데 삶에서는 너무 당연하지 않은가. 하루를 살아도 목표 설정이 중요하다. 미션처럼 목표를 이루기 위해 애쓰다 보면 하루라는 시간이 참 짧다. 쓸데없는 사소한 일에 일희일비하지 않게 된다. 목표를 설정하고 노력하는 여정이 삶을 더욱 풍요롭게 한다.

루틴을 따라 균형 있게 살아야 한다

*

미래는 현재 우리가
무엇을 하는가에 달려 있다.

— 마하트마 간디

루틴이란 '어떤 일을 함에 있어 의식적으로 하게 되는 일련의 연속적인 행위'를 말한다. 우리가 살아가는 매일은 루틴으로 이루어진다. 일상이 똑같아 보여도 자세히 들여다보면 나름의 루틴이 있다. 아침에 일어나서 집을 나서기까지를 생각해 보자. 그 모든 행위가 자연스럽지 않은가. 우리는 아무런 고민 없이 그런 동작들을 해나간다. 오래된 습관처럼 몸에 굳어진 것이다. 이렇게 습관처럼 하는 일도 일종의 루틴이다.

루틴이 있으면 삶이 다르다. 무엇을 어떻게 해야 할지 모르는 상황에서 행동할 수 있도록 이끌어 준다. 방향을 모르면 시작하기도 전에 힘이 든다. 반복되는 루틴은 방황하는 시간을 줄여 행동하게 만든다. 그 움직임을 통해 더욱 활력을 얻어 앞으로 나아갈 수 있다. 어떤 일을 함에 있어 루틴이 주는 힘은 크다.

작가들은 글을 쓰기 전에 그들만의 루틴이 있다. 처음부터 모든 게 잘 써질 리가 없다. 글이 안 써지더라도 시간과 장소를 먼저 정한다. 그 다음 특정한 동작을 반복하다 보면 뇌가 알아차린다고 한다. '아, 이제 정말 글을 쓰는구나.' 하면서 글 쓰는 뇌로 바뀌어 간다. 그런 일련의 일들을 계속 반복하는 과정에서 루틴이 만들어진다.

운동선수도 마찬가지다. 대부분의 선수들이 자신만의 루틴을 가지고 경기나 훈련에 임한다. 만약에 그런 루틴이 없으면 어떻게 될까. 일단 시간을 많이 허비하게 된다. 시행착오를 겪는 동안 해나갈 의욕마저 사라질지도 모른다. 루틴대로 하나씩 하다 보면 체계가 잡힌다. 자연스럽게 해나가는 루틴을 통해 실력이 쌓이고 마인드 훈련까지 이루어진다. 그렇게 하다 보면 정신력도 강해진다. 그런 루틴이 성과로 연결되는 것이다.

일상에서도 운동을 하는 게 쉽지가 않다. 꾸준히 하려면 별다른 고민 없이 실천해 나갈 수 있어야 한다. 루틴을 통해 흐름을 끊지 않고 지속해 나가는 것만으로도 운동을 빼먹지 않는 사람이 된다. 일정한 시간이 지나면 어느 정도 단련이 되어 실천하기가 더욱 수월해진다. 그 루틴을 따라 하다 보면 결과보다 과정에 집중할 수 있다. 결과에 집착하지 않아도 매일 한 결과로 복근을 얻게 되는 것이다. 결국 의지력보다 의지력이 필요하지 않는 좋은 루틴이 성공으로 끌어주는 것이다. 새뮤얼 스마일스는 "습관은 나무껍질에 새겨 놓은 글자 같아서 그 나무가 자라남에 따라 확대된다."고 했다. 이 말처럼 루틴을 반복하는 것, 그게 성장의 원동력이 되는 셈이다.

굳이 루틴이 있어야 할까. 그런 생각이 들 수도 있다. 눈 앞에 주어진 것을 감당하며 사는 것도 힘겨운데 루틴이 무슨 의미가 있을까 싶기도 하다. 하지만 루틴이 있으면 다르다. 삶이 단순해진다. 반복되는 규칙적인 생활을 통해 오히려 더 편안함을 느낀다. 루틴이 없으면 어영부영 부유하듯 하루를 그냥 보내게 된다. 자신만의 루틴 없이 매일을 대충 흘러가는 대로 사는 사람에게서 에너지를 찾기란 어렵다. 에너지는 언제나 루틴을 매일 어김없이 해내는 과정에서 생겨난다. 매일 주어진 루틴을 따라 나를 성장하는 일에 부지런해져야 한다. 그렇지 않으면 그 틈에 게으름과 부정적인 생각들이 자리를 잡는다.

어떤 면에서 하루는 인생의 축소판 같다. 인생처럼 시작과 끝이 분명하다. 특별한 일이 없는 한 우리는 아침에 눈을 뜨기만 하면 하루를 선물로 받는다. 그 하루라는 시간들이 쌓여 한 사람의 인생이 된다. 매일을 어떻게 보낼 것인가. 오늘 하루 주어진 일과에 최선을 다하는 사람만이 성공한다. 일에서뿐 아니라 인생에서의 성공은 루틴을 잘 실행해 나가는 데 있다. 승자와 패자를 가르는 한끗 차이가 루틴이다. 어떤 일을 함에 있어 이상적인 시간은 기다린다고 해서 따로 찾아오지 않는다. 원하는 일이 있다면 그것을 자기 것으로 만들기 위해 루틴을 잘 설정해야 한다.

어떻게 루틴을 설정할 것인가. 매일 하는 일들을 살펴보고 기록해 보자. 기록을 통해 루틴을 만들어가야 한다. 그 과정에서 자신을 알게 되고 깨달음을 얻을 수 있다. 기록하지 않으면 무의하게 시작해서 되는 대로 하루를 살게 된다. 오늘 하루를 잘 가꾸어나가는 것은 인생에서 너무 중요하다. 미루다 보면 답이 없다. 당장에 지금 무엇을 하고 있는지 생각해 봐야 한다. 내가 누구인지는 종일 자신이 무엇을 하며 보내는가를 보면 알 수 있다. 스스로가 믿고 있는 대로 행동하기 때문이다. 내 인생을 스스로 주도하지 못하고 되는대로 끌려 다니는 건 참 위험한 일이다. 무엇을 하며 어떻게 살지 스스로 계획하고 이루어가야 한다. 그 주도적인 삶은 기록에서 시작된다.

펜을 들고 수시로 확인하자. 계획대로 잘 진행되고 있는지 살펴야 한다. 기록으로 남겨야 상태를 파악할 수 있다. 기록하다 보면 일에 집중이 더 잘 되는 시간과 방법이 보인다. 또한 일과를 체크하며 진행 상황을 알면 시간을 더욱 알차게 쓸 수 있다. 많은 걸 다 해낼 수가 없기에 삶에서 어떤 게 중요한지 생각하게 된다. 그런 과정을 통해 나에게 좀 더 집중할 수가 있다. 하루를 어떻게 보내고 있는지를 기록하는 게 중요하다.

어떤 루틴을 가지고 살 것인가. 스스로 정한 루틴을 달성하는 것을 목표로 삼자. 하루하루 그것을 도전할 과제이자 기회로 여기고 성과에 집중하면 삶의 질이 달라진다. 자신만의 루틴이 있는 사람과 그렇지 않은 사람은 질적으로 다른 삶을 살 수밖에 없다. 인생은 긴 것 같지만 짧다. 제일 중요한 건 오늘 이 순간이다. 그 시간들, 오늘을 잘 보내기 위해 부단히 목표를 주시하고 루틴을 따라 살아야 한다.

분주한 일상에서 챙길 게 너무 많다. 그런 때일수록 루틴이 필요하다. 일을 하느라 바쁜 가운데도 정해진 루틴에 따라 단순해지면 안정감이 든다. 꼭 필요한 루틴을 적어보자.

시간	나만의 루틴
오전 (기상 후~12시)	
오후 (점심식사 후~5시)	
저녁 (퇴근 또는 저녁식사 후~9시)	
밤 (9시~자기 전)	

꿈을 이루어주는 나침반, 버킷리스트를 만들자

*

삶은 계속되고 아직 꿈꿀 시간은 많다.
후회가 꿈을 대신하는 순간부터 우리는 늙기 시작한다.

– 장석주

어릴 때부터 주변에서 죽음을 많이 보고 자랐다. '사람이 죽으면 도대체 어디로 갈까.' 그런 의문이 자주 들었다. 특히 뉴스에서 수많은 사고와 죽음을 볼 때면 더욱 그랬다.

아침에 멀쩡하게 집을 나섰는데 저녁에 다시 현관문을 열고 들어오지 못하다니. 그런 소식을 접할 때마다 가슴이 아팠다. 나와 상관없는 사람들이나 연예인의 죽음도 예사롭지 않았다. 그 죽음은 결코 멀리 있지 않았다. 늘 주변에서 일어나는 흔한 일이기에. 나이가 들수록 더 실감한다. 그런 생각에 빠져 있을 때 책 한 권이 눈에 들어왔다.

"기록한 대로 이루어진다는 믿음을 담아 열정적으로 펜을 움직이면 그
것은 스스로 에너지를 발산하게 된다. 결국 당신의 손으로 삶을 움직이게
되는 것이다. 목표를 기록하기 시작하면 두뇌는 온갖 종류의 새로운 자료
를 당신에게 보낸다." – 헨리에트 앤 클라우저, 『종이 위의 기적, 쓰면 이
루어진다』

누구나 기적을 바라고 꿈꾼다. 그런데 그 삶의 기적은 멀리 있지 않다.
바로 작은 노트에서 시작된다. 저자는 무엇보다 종이에 적는 행위 자체를
강조했다.

하고 싶은 것들을 떠올리고 이루어진 순간들을 상상하고 적는 것만으로
도 기적을 만들 수 있다니. '어떻게 살아야 할까'에 대한 답이 보였다. 목표
를 손으로 쓰고 이루어가며 살다 보면 언제 삶이 끝나더라도 미련은 없을
것 같았다.

강창균, 유영만의 저서 『버킷리스트』에도 이런 말이 나온다. "순간을 열
심히 사는 사람은 영원을 사는 사람이다. 당신의 버킷리스트는 당신이 삶
의 매 순간에 최선을 다할 수 있도록 이끌어주는 이정표가 되어 줄 것이

다." 이 문장을 보며 삶에 이정표는 꼭 필요하다는 생각이 강해졌다. 나이 들어 후회하기보다 오늘을 의미 있게 잘 살고 싶었다. 아쉬움이 남지 않는 그런 충만한 삶을 살아야겠다는 생각이 들었다.

그때부터 버킷리스트를 쓰기 시작했다. 노트에 다섯 파트로 나누어 정리해 나갔다. 평생 살면서 하고 싶은 일을 정하는 것도 참 막연했다. 그냥 생각나는 대로 적었다. 좋아하는 일들은 거침없이 쓸 수 있었지만 그렇지 않은 것도 많았다. 어떤 것들이 마음을 끄는지 확연하게 보였다. '내가 이런 걸 좋아하는구나.' 쓰면서 나의 관심사를 알게 되었다.

이제 새해가 되면 하는 중요한 일이 있다. 버킷리스트를 쓰는 일이다. 지난 한 해 동안 얼마나 이루었는지 확인하고 그 자료를 바탕으로 새로운 계획을 세운다. 이 작업을 꽤 오랫동안 해왔다. 처음에는 어색하고 힘이 들었는데 하다 보니 적응이 되었다.

해가 바뀌고 나이 한 살 더 먹는다고 인생이 편하지는 않다. 때론 막막하고 두렵다. 또 한해를 어떻게 꾸려나가야 하나 싶다. 여행에서처럼 누가 친절하게 안내해주거나 뚜렷하게 정해진 매뉴얼이 있는 것도 아니다. 그저 자신에게 주어진 일들을 감당하며 주도적으로 살아가야 한다. 그러기 위해서는 어디로 갈지 방향이 꼭 필요하다.

자신의 미래를 상상하며 계획을 세우고 살아야 한다. 세상이 너무 빨리 변하기 때문에 먼 미래보다 당장 5년 후 어떤 모습일지를 그려보고 목표를 정하자. 지금보다 나은 모습의 미래를 상상하며 계속 목표를 수정하고 앞으로 나아가야 한다.

긴 한 해를 아무 목표도 없이 산다는 건 무모한 일이다. 마치 행선지를 모른 채 무작정 기차를 타는 것과 같다. 계획 없이 떠난 여행에서 창밖으로 멋진 풍경을 만나고 뜻밖에 좋은 일이 일어날지도 모른다. 그러나 그것도 한두 번이고 잠시니까 가능하다. 인생은 한 번뿐이다. 단 한번 주어진 긴 여정을 방황하고 싶지 않았다. 그래서 오래 고민하고 정리하는 시간을 가진다.

버킷리스트는 죽기 전에 해보고 싶은 일들의 목록을 말한다. 죽기 전에 해야 할 일이라고 하면 대부분 거창한 일을 떠올린다. 한 번도 해보지 못한 특별한 것이나 극한의 스포츠 같은 걸 생각한다. 하지만 그런 것들은 쉽게 이룰 수도 없고 성공할 확률도 낮다. 버킷리스트를 하나씩 지워나가는 작은 기쁨을 누리려면 쉽게 할 수 있는 것들을 먼저 찾아본다.

우리에게 즐거움을 주는 일들은 그리 대단한 것들이 아니다. 어쩌면 평범하고 작은 것에서 느끼는 즐거움이 더 크다. 평소 하고 싶었지만 여유가 없어서 하지 못했던 일들이나 늘 미루어왔던 일을 생각해 보자. 마음먹지 않으면 자꾸 미루게 되는 일들! 어쩌면 그런 것들을 이루었을 때 더 행복하지 않은가.

하나씩 이루다 보면 소중한 것들에 대해 더 생각하게 된다. 그러니 일상에서 하고 싶은 작고 소소한 것들을 떠올리며 종이에 써보자. 쓰다 보면 기분이 좋아진다. '이런 것들도 못하고 살았구나.' 싶기도 하다. 작은 것에 충실하면 더 큰 것을 감당할 용기도 생겨난다.

일단 종이를 꺼내 적는 시간을 가지자. 생각만 하고 있으면 이루어질 가능성이 낮다. 글로 적어야 더욱 구체화되고 실천하게 된다. 마음을 다잡고 쓰다 보면 좋은 결과로 이어진다. 꿈을 글로 적어보면 정말 현실이 되는 순간이 온다.

간절히 바라면 이뤄진다는 '끌어당김의 법칙'을 자연스레 경험하게 된다. 진정 원하는 게 있으면 써야 한다. 쓰고 이루어가는 그 기분은 써보면 안다. 생각하고 고민한 흔적들을 보면 시간을 허투루 보내지 않았구나, 잘 살고 있다는 생각이 든다.

쓸 때는 내가 원하는 것과 하고 싶은 일을 구체적으로 적어야 한다. 그래야 현실이 될 가능성이 높다. 단지 어떤 걸 '하고 싶다'는 바람만 가지고 있는 것과는 질적으로 다르다.

하고 싶은 일을 적어보면 안다. 굳이 이루어지지 않는다고 해도 상관없다. 쓰다 보면 조금씩 위로가 되고 답답함도 덜해진다. 인생에는 여러 즐거움이 있다. 계획대로 꼭 실천해야만 즐거운 것은 아니다. 바쁜 시간에 모두 실천하는 건 어렵다. 팍팍한 현실에서 어떤 걸 할지 머릿속에 그려보고 구상할 때가 즐겁기도 하다.

기획하고 구상하는 것은 기분 전환에도 좋다. 때론 마음이 조금씩 편해지는 걸로 충분하다. 이루어진 듯 상상하는 기쁨도 있다. 그러다 보면 진짜 하고 싶은 일을 발견할 수도 있지 않을까.

내가 하고 싶은 일은 쉽게 생각나지 않는다. 그러니 며칠 동안 생각의 시간을 갖고 떠오를 때마다 적어둔다. A4 한 장을 가로 세로 두 번을 접어 휴대하고 다닌다. 네 군데 영역으로 나누어서 분류하고 적는다. 걷거나 이동하다 보면 문득 이것도 해보고 싶었는데 하는 순간이 있다. 그때 간단하게 메모해 두었다가 여기에 다시 기록해 둔다.

해마다 얼마나 이루었는지 평가하고 새롭게 업데이트해 나간다. 그 과정에서 자신이 얼마나 성장했는지 느낄 수 있다. 그러니 버킷리스트를 쓰는 일이 중요하다. 쓰기만 해도 바라는 일이 이루어진다. 손으로 쓰면 내용들이 자꾸 떠오르고 모든 관심사가 거기에 맞춰지게 되어 있다. 뇌가 하고 싶은 일에 안테나를 세우기 때문이다.

알버트 아인슈타인은 "행복한 삶을 살고 싶다면 사람이나 사물이 아닌 목표와 연결하라."고 했다. 그의 말처럼 사람이나 사물이 아닌 자신의 목표와 연결된 삶이 행복을 준다.

인생 목표를 세우고 버킷리스트를 하나씩 이루어가는 과정에서 성취감과 보람을 느낄 수 있다. 계획했던 일들을 실천하면서 새로운 열정이 생겨나기도 했다. 그 덕분에 일상에서 행복감을 자주 느꼈다. 어느 순간 습관이 되어 정신적으로 더욱 강해졌다.

평범한 일상을 잘 살기 위해서는 방향을 안내해줄 나침반이 있어야 한다. 버킷리스트가 그 역할을 든든히 해 줄 것이다. 미식축구 감독 그린베이 패커스는 "목적에서 눈을 떼면 보이는 것은 장애물뿐이다."라는 말을 했다.

내가 가야 할 길과 목표를 염두에 두고 살아야 흔들리지 않는다. 그렇지 않으면 장애물로 인해 쓸데없는 시간을 낭비하게 된다. 버킷리스트는 그 시간을 줄이는 나침반 역할을 한다. 머릿속으로 생각만 하지 말고 손으로 쓰면서 확인해야 한다. 하나씩 쓰다 보면 어디로 가야 할지 방향을 잡을 수 있다.

촘촘한 계획 덕분에 어느 해에는 목표를 다 이루기도 했다. 성공에 있어 중요한 건 늘 꿈꾸는 자세다. 바라는 내용보다 꿈꾸는 자세가 결국 성공으로 이끌어준다. 꿈이 있다면 버킷리스트를 꼭 써야 한다.

나만의 버킷리스트! 무엇이든 일단 마음 가는 대로 써보자.

갖고 싶은 것

....

....

....

....

하고 싶은 것

....

....

되고 싶은 것

부지런히 쓰는 사람이 살아남는다

*

나는 과거를 생각하지 않는다.
중요한 것은 영원한 현재뿐이다.

— 서머싯 몸

나이가 들었다는 걸 언제 주로 느끼게 될까. 심리적 상태, 신체적인 변화 등 여러 가지 이유가 있다. 그중에서도 기억력의 한계를 느낄 때가 아닐까 싶다. 인간은 망각의 동물임을 갈수록 더 자주 느끼게 된다. 기억할 내용은 갈수록 많다. 복잡한 일상에서 챙기고 신경 써야 할 것들이 넘쳐난다. 바쁜 생활 속에서 일일이 다 기억하기란 불가능하다.

요즘은 스마트폰 덕분에 더구나 기억할 것들이 줄었다. 웬만한 모든 정보는 폰 안에 다 있으니까. 수시로 폰을 들여다보며 수많은 정보들을 읽고 부지런히 저장해 둔다. 편리한 도구들이 많아서 정말 기억할 것들이 별로 없다. 굳이 기억하지 않아도 된다. 저장만 잘 해두면 그만이다. 그 덕분에 단순한 전화번호나 생일도 못 외우는 사람이 많다. 이게 과연 좋기만 한가. 기계는 생활을 온전히 담아내는 데 한계가 있다. 생각을 자유롭게 담을 수가 없다. 어쩌면 끄적거리는 일이 더 많은지도 모른다. 여기저기 정리되지 않은 메모는 혼란스럽다. 기억력을 더 떨어지게 만들기도 한다.

기계에 의존하는 게 당장에는 편할지 모른다. 하지만 뇌에는 전혀 도움이 안 된다. 기계에만 의지하고 종이에 쓰는 일을 멀리한다면 어떻게 될까. 나중에는 심각한 상황에 이르게 될 수도 있다. 살아가는데 정작 중요한 것들은 숫자들이 아니다. 때로는 일상에서 소중한 것들을 놓치기도 한다.

중요한 순간들을 온전히 기억할 수 있으면 얼마나 좋을까. 최근에 일어난 일조차도 우리는 한참 생각해야 하지 않는가. 불과 며칠 전에 무슨 일이 있었는지 기억이 잘 안 난다. 좋은 기억들을 오랫동안 간직한다는 건 멋진 일이다.

뇌를 믿으면 안 된다. 어떻게든 적어두는 것, 글로 남기는 행위 자체가 중요하다. 폰이나 종이 모두 손으로 쓰는 건 비슷하지만 차원이 다르다.

종이에 기록하면 집중력도 생기고 기억력이 자연스레 좋아진다. 기억력을 높이고 일상을 좀 더 풍요롭게 하려면 메모해야 한다. 메모는 '기억해야 하는 내용을 적은 글 또는 그 행위'를 말한다. 떠오르는 생각이나 그 순간을 잡아두는 일이다. 공중에 날아가는 물체를 눈으로 보고 있으면 그냥 지나가 버린다. 하지만 그것을 잡아두면 오래 볼 수 있다.

종이에 기록해 두면 더욱 선명해진다. 나중에 적어야지 하면 도무지 생각이 안 난다. 그러니 어떻게든 생각이 떠오를 때 적어야 한다. 눈으로 본 것, 일어난 일, 다양한 사건들을 적어두면 더욱 깊이 들여다볼 수 있다. 내용을 보면서 질문하고 본질을 파악하다 보면 내공까지 깊어진다. 쓰는 사람에게는 그만큼의 내공이 많다.

'기록은 기억보다 강하다'는 말이 있다. 자신의 기억보다 기록을 믿어야 한다. 정보는 기록하지 않으면 기억 속에서 사라진다. 늘 다른 정보들이 들어와서 기존의 생각들을 지워버린다. 하지만 메모를 해두면 당분간 잊을 수 있다. 어쩌면 기록하고 잊기 위해서 메모를 하는 게 아닐까. 기억하려고 애쓰는 것보다 적어두면 마음이 편해진다. 생각 속에 머무르지 말고 일단 쓰는 게 낫다. 중요하든 그렇지 않든 간에 우선 메모부터 해야 한다.

우리는 하루 동안 '오만 가지 생각'을 하고 산다. 이 표현처럼 머릿속 생각은 끝도 없다. 그 중에는 중요한 일도 있지만 대부분 가벼운 것들이다. 가볍다고 그냥 흘려버리는 생각도 메모할 가치는 있다. 아무 생각 없이 한 메모일지라도 그 행위 자체가 중요하다. 언젠가는 나의 생각을 풍부하게 해주는 밑거름이 될 수도 있다. 그 속에서 가끔 좋은 생각이나 중요한 아이디어가 나오기도 한다.

정신없는 일상에서 쓰지 않으면 어떻게 다 챙기고 살까. 평소에 조금이라도 기록하고 생각을 정리하며 살아야 한다. 손으로 쓰지 않으면 복잡한 세상에서 다 해내기가 힘들다. 손으로 쓰면서 현재에 집중하고 중요한 것들을 기억하기 위해 노력해야 한다. 글을 쓰는 것도 자기 관리도 지나가는 일상도 모두 손으로 쓰는 일에서 시작된다. 아주 작은 순간조차 써두면 소중하고 특별해진다.

글로 표현하는 데 익숙해지면 일상이 즐겁다. 그때 저절로 스며드는 깨달음도 많다. 짧은 글귀 하나가 삶을 바꿀 수도 있음을 느낀다. 때론 몇 마디 말보다 한 줄의 글이 더 힘이 세다는 것도. 더불어 몸도 마음도 강해진다. 그렇게 건강하게 삶을 이겨내고 일어서기 위해 쓴다. 누구보다 단단해진 마음 속에 행복도 더불어 존재한다. 결국 행복해지기 위해 쓰는 것이다. 그렇게 부지런히 쓰는 사람만이 살아남는다.

"정말 꾸준하시네요. 그토록 오래하시는 게 놀라워요."

평소 가장 많이 듣는 말이다. 마음 먹은 것을 지속하는 게 힘들다는 사람들이 많다. 새해 세운 결심이나 생활 속 목표들이 갈수록 흐지부지된다. 어떤 일을 시도했다가 그만두기를 반복하며 끈기 없음을 자책한다. 무언가를 이루려면 계속해야 하는데 그게 잘 안 된다. 그러니 성취감은 없고 무얼 잘하는지도 모른다. 꾸준히 하는 게 가장 어렵다.

'새벽 기상 10년, 독서노트 25권, 일기장 25권, 가계부 쓰기 27년, 7년째 매일 일기와 감사일기 5개 쓰기, 블로그 포스팅 개수 9,999+(더 이상 카운트 되지 않음), 블로그 운동 일기 포스팅 2,073개, 필사노트 7권, 영화감상 노트 4권, 최근 8년간 영화 920편 감상, 블로그 영화이야기 150개 포스팅, 강의 듣고 내용을 메모한 기록장 3권, 최근 5년간 쓴 볼펜 80자루'

어느새 이만큼 쌓인 걸 보니 놀라웠다. '저 숫자가 내 삶을 말해주겠구나.' 문득 그런 느낌이 들었다. '읽고 쓰는 삶'을 위해 가장 먼저 도전한 게 새벽 기상이었다. 늦은 밤 깨어있는 걸 좋아해서 해가 떠도 이불 속에 있던 날들이 많았다. 그런 내가 책을 읽기 위해 새벽에 일어나다니. 졸려서 더 자고 싶을 때가 수없이 많았지만 계속해 나갔다. 그 시간에 해야 할 목표가 뚜렷했기 때문이다. 틈나는 대로 책을 읽으며 독서노트를 썼고 잠들기 전에는 일기를 썼다. 운동하며 블로그에 운동 일기를 계속 기록했다. 그랬더니 사진과 함께 걸어왔던 길이 고스란히 글로 남았다. 영화 노트 속에는 직접 겪어보지 못한 다양한 삶의 이야기가 담겼다. 줌 강의와 현장 강연을 듣고 메모하다 보니 기록장 속에는 공부의 흔적들이 가득하다. 그렇게 최근 5년간 볼펜 80자루를 썼다. 글을 쓰느라 노트북을 더 많이 사용했음에도 그렇다. 혼자 묵묵히 써온 시간들이 삶의 든든한 자양분이 되어주었다.

이렇듯 내가 가진 습관들 중에는 오래 해온 것들이 많다. 한번 시작하면 웬만해서는 그만두지 않는다. 일도 사람도 관계를 맺으면 오래간다. 잠깐하고 끝나는 일이·별로 없다. 그런 내게 사람들은 그 비결을 궁금해한다. 무엇이 이렇게 계속할 수 있도록 했을까. 그때마다 생각해 본다. 결심이 생기면 어떻게 해나갈지 방법을 고민한다. 아무리 바빠도 지킬 수 있도록 최대한 작게 시작하고 시간을 만들어 어떻게든 한다. 그렇게 루틴을 만들어 계속해 나간다. 너무 자연스러워서 하지 않으면 어색할 때까지 그냥 하는 것뿐이다. 특별한 비법은 없다.

그리고 무엇보다 기록을 했기에 가능했다. 다이어리에 일과를 매일 기록했다. 하루를 돌아보며 관찰하고 점검하면서 생활 습관들을 하나씩 개선해 나갔다. 꼼꼼하게 쓰면서 매달 비교하는 것도 재미가 있었다. 꾸준히 하기 위해 먼저 목표를 설정하고 자주 들여다봤다. 그래야 동기부여가 되고 무엇을 해야 할지가 보인다. 삶이 어떻게 달라지는지 그 과정을 지켜보는 것에서 보람을 느꼈다. 조금씩 성취감이 생기니 더 열심히 하게 되었다. 요즘 대세인 '월 천 벌기'나 '억대 연봉'에는 관심을 두지 않았다. 그런 재주도 없다. 그래서 지금 내가 할 수 있는 것을 찾아 노력과 시도를 반복해 왔다. 그러다보니 어느새 많은 변화가 생겼다.

빠듯한 형편에서도 시간을 쪼개고 저축하며 걷기 여행을 다니고 있다. 다이어리는 대학 때부터 지금까지 계속 쓴다. 틈나는 대로 명언을 수집하고 영어 공부도 한다. 걷기와 등산, 마라톤을 즐기며 블로그에 기록한다. 알차게 보낸 시간들과 소중한 경험들을 남기고 싶어서다.

변화된 삶의 중심에 쓰기가 있다. 부단히 쓰면서 나와 만나는 시간을 많이 만들기 위해 노력하면 된다. 처음에는 무얼 써야 할지 막막했다. 자리를 잡고 앉아 있는 것이 불편했다. 하지만 그 시간들을 조금만 견디면 얻는 게 많다. 계속 써나갈 때 주어지는 보상을 생각하면 어떻게든 하게 된다. 나중에는 쓰고 싶은 게 많아져서 자리를 떠야 하는 순간이 아쉽다.

재미있고 흥미로운 것들이 넘쳐나는 세상이다. 폰을 잠시만 들여다보고 있어도 시간이 금방이지 않은가. 디지털 기계가 보편화되어 있으니 통제하기도 힘들다. 이런 때에 자기 조절과 관리가 더욱 필요하다. 그런데 기록의 필요성을 알면서도 시작하지 않는다. 주어진 시간을 소비하기에만 급급하다. 빠르고 편리한 것이 많은데 굳이 손으로 써야 할 이유가 있을까 싶기도 하다. 그러나 손으로 써야 할 이유는 넘쳐난다.

직접 손으로 기록하면서 그 가치를 더욱 깨달았다. 손때 묻은 책과 빼곡하게 써놓은 노트를 생각해 보라. 치열하게 고민하며 성취하고 반성한 흔적들이 고스란히 담겨 있는 노트들! 그렇게 천천히 내 손으로 해낸 것들이 오래간다. 당장에는 느리고 답답해 보여도 그것은 어떤 것과도 비교할 수가 없다. 밀도 있게 손으로 쓰면서 생산적인 삶을 만들어낼 수가 있다. 그렇게 내가 살아온 흔적을 남기며 삶에 가치와 질서를 부여한다. 또한 내 이야기를 써내려가면 소중한 역사로 남는다. 그래서 기록을 해야 한다. 의미 있는 삶을 사는데 빠질 수 없는 게 기록이다. 부지런히 걷고 매일 쓰면서 한 걸음씩 나아갈 수 있었다. 기록하며 실천하다 보면 무엇을 중심에 두고 살아야 할지가 보인다. 그러니 걷고 기록하면서 나를 발견하는 일에 부지런해져야 한다. 그래야 몸도 마음도 건강해진다. 그 가운데 헛헛한 마음도 단조로운 일상도 의미로 가득 채워질 것이다.

사랑하는 나의 가족들, 카페와 산으로 묵묵히 함께 해준 재호, 재희야! 험한 걷기 여행에 동행해주고 건강하게 잘 자라주어서 너무 고맙다. 섬세한 조언으로 늘 든든한 힘이 되어 주시는 강태웅 대표님, 언제나 따뜻한 감성으로 희망과 용기를 전해주시는 송수용 대표님께 진심으로 감사의 말을 전하고 싶다. 그리고 오랜 세월만큼이나 삶의 이야기가 깊어져 끈끈한 정을 나누고 있는 영어 스터디 모임 오사사의 정윤희, 손은정, 이민경, 이현지 님, 겸손과 배움의 자세로 저를 듬뿍 아껴주시는 조수진 님, 함께함의 기쁨을 가득 누리게 해주시는 미디어커뮤니케이터 조아라 대표님, 오기사(오늘을 기록하는 사람들) 글쓰기 멤버들과 늘 한결같은 마음으로 응원해 주시는 분들께 감사를 드립니다. 마지막으로 굿웰스북스 관계자분들께 진심으로 감사의 인사를 전합니다.

기록의 힘을 믿고 한 발짝 나아가는 이들의 걸음을 응원합니다.

꿈을 그리는
행복한 글쟁이 장은주